运玉贞◎编著

出纳实操从新手到高手

图解实例版

中国纺织出版社有限公司 | 国家一级出版社
全国百佳图书出版单位

内容提要

《出纳实操从新手到高手》针对初入职场的出纳新手，全面讲述了出纳工作的基础知识和实务工作内容。全书内容既包括规范的书写技巧、辨别假币和假发票、开立银行账户、使用网上银行业务、现金的管理、填制凭证和账簿等内容，也包括作者在出纳实务工作中的经验和方法，提醒读者关注容易被忽略的细节，少走弯路，用最简捷的方法解决工作中的难题。

图书在版编目（CIP）数据

出纳实操从新手到高手：图解实例版 / 运玉贞编著. —北京：中国纺织出版社有限公司，2020. 1

ISBN 978－7－5180－6429－8

Ⅰ. ①出… Ⅱ. ①运… Ⅲ. ①出纳—会计实务—基本知识 Ⅳ. ①F231.7

中国版本图书馆CIP数据核字（2019）第151790号

策划编辑：于磊岚　　特约编辑：魏丹丹
责任校对：寇晨晨　　责任印制：储志伟

中国纺织出版社有限公司出版发行
地址：北京市朝阳区百子湾东里A407号楼　邮政编码：100124
销售电话：010—87155894　传真：010—87155801
http：//www. c-textilep. com
E-mail：faxing@c-textilep. com
中国纺织出版社天猫旗舰店
官方微博 http：//weibo.com / 2119887771
三河市宏盛印务有限公司印刷　各地新华书店经销
2020年 1 月第 1 版第 1 次印刷
开本：710×1000　1/16　印张：13.5
字数：176千字　定价：48.00元

前 言
PREFACE

纵观各种招聘广告，我们能发现绝大多数雇主强调的是“有相关经验者优先”。经验为何如此重要，因为有经验的人干起活来上手快，能快速地给企业带来效益，对于会计类职位更是如此。对于初入职场的我们，虽然在理论上可能有余，但实践经验不足。如果能够学会正确地做事，并快速总结经验，一定能够在职场中脱颖而出。

作为刚走上出纳岗位的你，在工作中是否感觉到困惑颇多，不知向谁请教？

你是否感到自己的出纳相关知识混杂凌乱，不成体系，而且常常出现错误？

你是否想要提高工作质量和效率？

你是否想要快速地提升自己的业务能力，并有个良好的职业发展……

这是一本为出纳新手或即将走上出纳岗位的人员量身打造的书，本书遵循“学以致用”的原则，聚焦实务中最重要的问题，一一为您讲解，从而做到即学即用，使你在尽可能短的时间内掌握相关知识和技能。

本书的一大特点是图文并茂，通俗易懂，采用三维作图，给读者营造一个轻松、愉快、高效的阅读环境。内容几乎涵盖了出纳工作的方方面面，从出纳应掌握的会计知识、税务知识、业务技能出发，讲解了账证业务、现金出纳业务、银行账户管理，以及银行票据结算等。阐述详尽，实用性强，手把手地教你如何处理出纳问题。

本书以最新企业会计准则和国家最新颁布的财务制度、法律法规为依据编写，对传统内容进行了全面升级。通过本书的学习，相信你应该能解决工作中各式各样的出纳问题了。理论指导实践，实践丰富理论，结合工作实际去思考、去体会，相关知识可以掌握得更加牢固且能够融会贯通。

对于本书的编写尽管我们已经殚精竭虑，但由于水平有限，加之时间紧迫，不周之处在所难免，希望得到大家的谅解。如有疑问，请发邮件至suoxh@139.com，我们一定竭诚为你解答。

最后，对一贯支持我们的广大读者朋友和对本书的出版做出努力的朋友一并表示感谢。

运玉贞

2019 年 8 月

目　录
CONTENTS

1　你了解出纳吗——出纳基础知识快速入门

有人会说："出纳就是跑银行，做凭证。"有人会说："出纳就是现金的收与支。"他们都有提到出纳的特征，但不全面。出纳是每一个经济单位不可或缺的职位，由于出纳掌管着单位资金的收入与支出，几乎每一个员工都需要与出纳打交道。

2 出纳人员的业务技能——如何才能成为一名合格的出纳

一般财务人员最先接触的工作岗位便是出纳，是否因为出纳是财务中最简单的工作呢？出纳对财务人员的素质要求是否低于其他工作岗位呢？其实不然，做好出纳工作并不是一件很容易的事，出纳工作是一项比较烦琐、细致的工作，它要求出纳员要有全面精通的政策水平、熟练高超的业务技能及严谨细致的工作作风。

3 出纳不懂会计怎么成——出纳应掌握的会计知识

出纳是会计岗位设置中不可或缺的部分，大家千万别以为出纳不需要会计知识，只要把钱数清楚了就行。其实出纳与会计是密不可分的，整理原始凭证，编制记账凭证需不需要会计知识？登记现金日记账以及银行存款日记账需不需要会计知识？都需要，因此，即将做出纳的人员必须懂得一些会计知识，这样对今后的工作是不无裨益的。

4 出纳人员应掌握的税务知识

在美国流传着这样一种说法:“只有税收和死亡是不可避免的。”这句貌似说笑的话中道出了这样的道理，即在现代经济生活中，税收是每个人、每个企业都将面对的问题。比如在 2007 和 2008 年，股票交易印花税的调整引起了股票价格的深度调整，可以说税收影响着企业经营甚至个人生活的方方面面。

5 出纳的账证业务——财务工作要"有凭有证"

出纳是会计核算的第一关，出纳人员的责任可谓重大。出纳在财务工作中，记账的依据是会计凭证，出纳人员在核算企业发生的经济业务时须根据业务的发生情况取得有关凭证，按照原始凭证编制记账凭证，在记账凭证的基础上，登记账簿，编制出纳报告。

6 现金出纳业务——如何做好一名“金库”小管家

我们每个人对于现金都非常熟悉，钱包里随时都躺着一些现金。曾听别人这样说：“好羡慕人家啊，你看那些做出纳的，手里握着一大叠现金，那种感觉应该超爽吧。”作为整天与钱打交道的出纳人员，你对于企业现金的使用及管理熟悉吗？你知晓国务院《现金管理暂行条例》的相关内容吗？

7 银行账户管理——如何放心地在银行“安一个家”

在讲出纳工作特点的时候我们提到出纳时常和银行打交道，因为出纳在现金、银行存款、票据的收付管理以及各种支付结算业务方面都不可避免地接触到银行。银行就像是一个资金往来的中间站。俗话说：“知己知彼，百战不殆。”经常出入银行的出纳员能不对银行的基本情况及相关规章了如指掌吗？

8 银行票据结算——与银行“打交道”的必备知识

记得马克·吐温的《百万英镑》中就讲述了一张一百万英镑支票如何改变男主角生活状况的故事，可能这也是大家心中对于票据最初的概念。对于初入职场或者刚跨入财务门槛的人来说，银行票据可能只是耳闻而没有真实接触过。然而，当你走上出纳岗位，就会和票据有亲密的接触，故而对于不同的票据结算方式最好有个整体的了解。

9 出纳纠错——有过改之，无则加勉

俗话说：马有失蹄，人有失足。出纳工作的性质决定了它必须做到准确无误，同时由于出纳工作本身的琐碎，不可避免地会出现一些错误和失误。错误在一定阶段和范围内都是可以补救的，我们需要做的便是：吃一堑，长一智；不在同一个地方跌倒第二次。

10 出纳工作交接——善始还要善终

会计工作间的岗位轮换是比较常见的，当出纳人员出现调动或离职时，必须将有关的工作和资料票证移交给继任出纳人员，此时便出现了出纳工作的交接。交接就是将手上的工作交给“接班人”。“接班人”是否能快速进入工作状态以及前后衔接是否困难，很大程度上取决于交接工作是否做到位。

1 你了解出纳吗
——出纳基础知识快速入门

● 内容概览

你了解出纳吗?

有人会说:“出纳就是跑银行，做凭证。”有人会说:“出纳就是现金的收与支。”他们都有提到出纳的特征，但不全面。出纳是每一个经济单位不可或缺的职位，由于出纳掌管着单位资金的收入与支出，几乎每一个员工都需要与出纳打交道。但出纳这一职位也是最容易被人误解的，甚至有人说“会数钱就能做好出纳”，其实做好出纳工作，既需要做好资金的收入与支出工作，同时还要负责编制凭证、登记账簿、工资核算、往来结算等多项工作。

想做出纳的你准备好了吗?

如果准备好了，那就跟着我们的旅程给自己充充电吧。

1.1 出纳工作知多少——出纳主要干什么

1.1.1 谁是出纳

出纳，作为会计名词，运用在不同场合有着不同含义。从会计角度讲，出纳一词至少有出纳工作、出纳人员两种含义（图 1-1）。

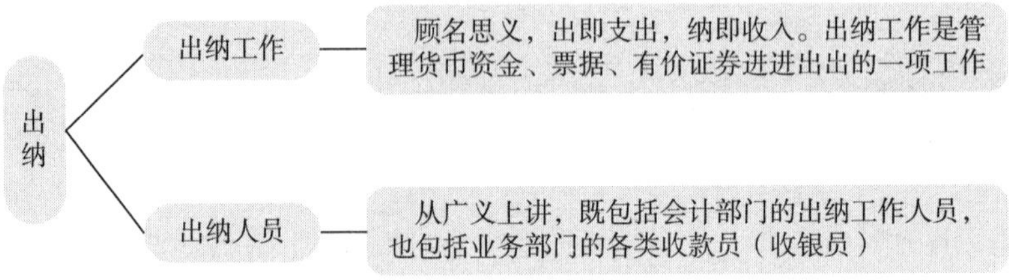

图 1-1　出纳的两种含义

1.1.2 出纳工作的特点

任何工作都有自身的特点和工作规律，出纳是会计工作的组成部分，具有一般会计工作的本质属性，但它又是一个专门的岗位、一项专门的技术，因此，具有自己专门的工作特点。

（1）社会性。出纳工作担负着一个单位货币资金的收付、存取任务，而这些任务的完成是置身于整个社会经济活动的大环境之中的，是和整个社会的经济运转相联系的。只要这个单位发生经济活动，就必然要求出纳员与之发生经济关系。例如出纳人员要了解国家有关财会政策法规并参加这方面的学习和培训，出纳人员要经常跑银行等。因此，出纳工作具有广泛的社会性。

（2）专业性。出纳工作作为会计工作的一个重要岗位，有着专门的操作技术和工作规则。凭证如何填、日记账怎样记等都很有学问，就连保险柜的使用与管理也是很讲究的。因此，要做好出纳工作，一方面要求经过一定的职业教育，另一方面也需要在实践中不断地积累经验，掌握其工作要领，熟练使用现代化办公工具，做一个合格的出纳人员。

（3）政策性。出纳工作是一项政策性很强的工作，其工作的每一环节都必须依照国家规定进行。例如，办理现金收付要按照国家现金管理规定进行，办理银行结算业务要根据国家银行结算办法进行。《会计法》《会计基础工作规范》等法规都把出纳工作并入会计工作中，并对出纳工作提出了具体规定和要求。出纳人员不掌握这些政策法规，就做不好出纳工作；不按这些政策法规办事，就会违反财经纪律。

（4）时间性。出纳工作具有很强的时间性，何时发放职工工资，何时核对银行对账单等，都有严格的时间要求，一天都不能延误。因此，出纳员心里应有个时间表，及时办理各项工作，保证出纳工作质量。

1.1.3 出纳的职能及工作内容

出纳工作，是财会工作的一个重要组成部分，从总的方面来讲，其职能可概括为收付、反映、监督、管理四个方面。

（1）收付职能。出纳的最基本职能是收付职能。企业经营活动少不了货物价款的收付、往来款项的收付，也少不了各种有价证券以及金融业务往来的办理。这些业务往来的现金、票据和金融证券的收付和办理，以及银行存款收付业务的办理，都必须经过出纳人员之手。

（2）反映职能。出纳要利用统一的货币计量单位，通过其特有的现金与银行存款日记账、有价证券的各种明细分类账，对本单位的货币资金和有价证券进行详细的记录与核算，以便为经济管理和投资决策提供所需的完整、系统的经济信息。因此，反映职能是出纳工作的主要职能之一。

（3）监督职能。出纳要对企业的各种经济业务，特别是货币资金收付业务的合法性、合理性和有效性进行全过程的监督。

（4）管理职能。出纳还有一个重要的职能是管理职能。对货币资金与有价证券进行保管，对银行存款和各种票据进行管理，对企业资金使用效益进行分析研究，为企业投资决策提供金融信息，甚至直接参与企业的方案评估、投资效益预测分析等都是出纳的职责所在。

鉴于出纳工作的职能，出纳人员的工作内容和任务主要包括货币资金核算、往来结算、工资核算、货币资金收支的监督等，详见表 1-1。

表 1-1 出纳工作的内容

工作类别	工作内容
货币资金核算	（1）做好现金收付的核算。 （2）做好银行存款的收付核算。 （3）认真登记日记账，保证日清月结。 （4）保管库存现金，保管有价证券。 （5）保管有关印章，登记注销支票。 （6）复核收入凭证，办理销售结算
往来结算	（1）办理往来结算，建立清算制度。 （2）管理企业的备用金。 （3）核算其他往来款项，防止坏账损失
工资核算	（1）执行工资计划，监督工资使用。 （2）审核工资单据，发放工资奖金。 （3）负责工资核算，提供工资数据
货币资金收支的监督	依据国家有关的法律法规和企业的规章制度，在维护财经纪律、执行会计制度的工作权限内，坚决抵制不合法的收支和弄虚作假的行为

1.2 透视出纳工作——企业的出纳工作是如何进行的

1.2.1 企业出纳工作岗位的设置

各个企业的实际情况不同，出纳工作的组织内容也不尽相同，但无论哪一种形式，一般都要设置合理的出纳机构，配备必要的出纳人员，并建立各种内部工作职责与制度等。

出纳机构一般设置在会计机构内部，如各企事业单位财会科、财会处内部设置专门处理出纳业务的出纳组、出纳室。

《会计法》第21条第1款规定："各单位根据会计业务的需要设置会计机构，或者在有关机构中设置会计人员并指定会计主管人员。不具备条件的，可以委托经批准设立的会计咨询、服务机构进行代理记账。"会计法对各单位会计、出纳机构与人员的设置并没有硬性规定，而是让企业根据自身情况和实际需要来设定。因此企业应结合自身经济活动的规模、特点、业务量的大小等进行机构设置和人员配置。

1.2.2 企业出纳人员的配备

企业出纳人员配备的多少，主要决定于本单位出纳业务量的大小和繁简程度，要以业务需要为原则，既要满足出纳工作量的需要，又要避免徒具形式、人浮于事的现象（表1-2）。

表1-2 配备出纳人员的几种模式

一人一岗	规模不大的单位，出纳工作量不大，可设专职出纳员一名
一人多岗	规模较小的单位，出纳工作量较小，可设兼职出纳员一名。如无条件单独设置会计机构的单位，至少要在有关机构中（如单位的办公室、后勤部门等）配备兼职出纳员一名。但兼职出纳不得兼管收入，费用，债权、债务账目的登记工作及稽核工作和会计档案保管工作
一岗多人	规模较大的单位，出纳工作量较大，可设多名出纳员，如分设管理收付的出纳员和管账的出纳员，或分设现金出纳员和银行结算出纳员等

1.2.3 出纳人员各项工作的标准流程

出纳人员每天要处理大量的经济业务，协调各方面的经济利益关系，如何才能提高工作效率，保证工作质量呢？这就需要制定一个合理而有效的工作流程，使得出纳工作有条不紊地进行，满足单位财务管理的需要。

以下我们以出纳工作最为重要的资金收入支出业务为例，介绍一下资金收入和资金支出工作的标准化流程，分别见图1-2及图1-3。

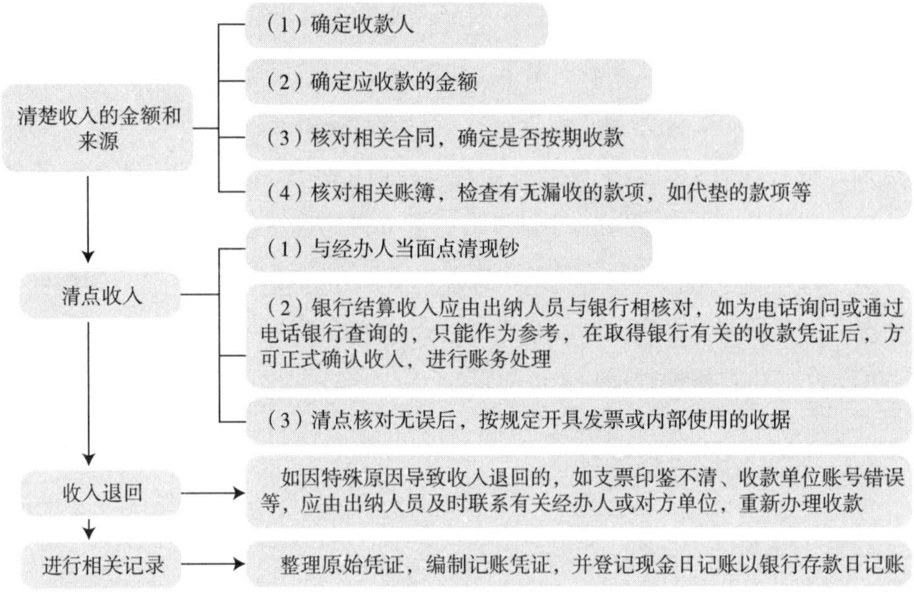

图 1-2　资金收入业务处理的标准化流程

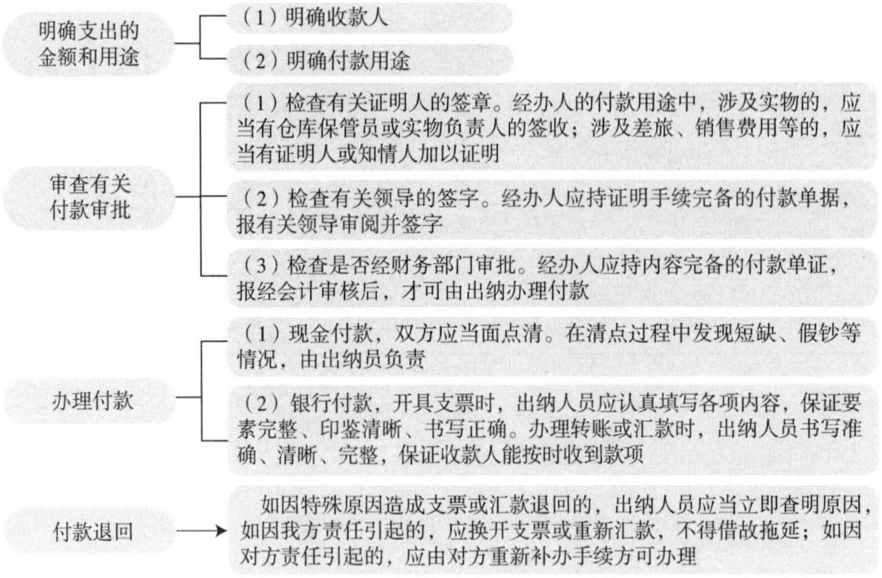

图 1-3　资金支出业务处理的标准化流程

1.3 有权必有责——出纳人员的职责与权限

1.3.1 出纳人员的职责

出纳是会计工作的重要环节，涉及的是现金收付、银行结算等活动，而这些又直接关系到职工个人、单位乃至国家的经济利益，工作出了差错，就会造成不可挽回的损失。因此，明确出纳人员的职责和权限，是做好出纳工作的基本条件。根据《会计法》《会计基础工作规范》等会计法律法规，出纳员的职责如图 1-4 所示。

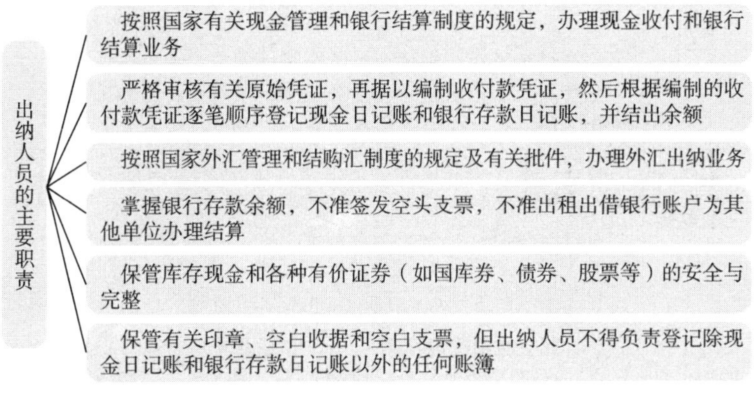

图 1-4　出纳人员的职责

1.3.2 出纳人员拥有的权限

根据《会计法》《会计基础工作规范》等会计法律法规，出纳人员的主要权限如图 1-5 所示。

出纳人员的主要权限

- 维护财经纪律，执行财会制度，抵制不合法的收支和弄虚作假行为
- 参与企业货币资金计划定额管理的权力。现金管理制度和银行结算制度是出纳人员开展工作必须遵照执行的法规，而执行这些法规，实际上是赋予了出纳员对货币资金管理的职权
- 提出合理安排利用资金的意见和建议。出纳工作每天和货币资金打交道，单位的一切货币资金往来都与出纳工作紧密相联，货币资金的来龙去脉，周转速度的快慢，出纳员都清清楚楚。因此，提出合理安排利用资金的意见和建议，及时提供货币资金使用与周转信息，也是出纳员义不容辞的责任

图 1-5　出纳人员的主要权限

1.3.3　出纳工作与会计工作的联系与区别

在单位的财务工作中，会计与出纳是互不可缺的职业搭档。法规有规定会计和出纳不能兼任，实务中好多好会计都是从出纳做起的。会计和出纳之间既有紧密的联系，又有明显的区别（表 1-3）。

表 1-3　出纳与会计的关系

分工不同	会计：主要负责企业经济业务的核算，通过对企业经济活动的记录，为企业的经济管理和经营决策提供所需要的核算资料。 出纳：分管企业票据、货币资金，以及有价证券等的收付、保管、核算工作，为企业经济管理和经营决策提供各种金融信息
既互相依赖又互相牵制	会计：会计核算依赖出纳工作产生的各种数据和凭证，同时对出纳工作进行监督。 出纳：出纳的现金和银行存款日记账与会计的现金和银行存款总分类账，金额上具有等量关系。这样，出纳、会计两者之间就构成了相互牵制与控制的关系，二者之间必须相互核对保持一致
管理的范围不同	会计：主要是管理凭证、账簿等会计资料。 出纳：既要管理凭证、账簿等会计资料，又要管理现金、银行存款等实物
对经济活动的参与程度不同	会计：只是对企业的经营活动进行记录与监督，一般不直接参与经济活动。 出纳：直接参与了经济活动的过程，如货物的购销，必须经过两个过程，货物移交和货款的结算，其中货款结算，即货物价款的收入与支付就必须通过出纳工作来完成

2 出纳人员的业务技能

——如何才能成为一名合格的出纳

● **内容概览**

一般财务人员最先接触的工作岗位便是出纳，是否因为出纳是财务中最简单的工作呢？出纳对财务人员的素质要求是否低于其他工作岗位呢？其实不然，做好出纳工作并不是一件很容易的事，出纳工作是一项比较烦琐、细致的工作，它要求出纳员要有全面精通的政策水平、熟练高超的业务技能及严谨细致的工作作风。

对照自身看看，你离一个出纳人员素质要求还有多远？或者说你在哪些方面还需要加强呢？通过本章的学习，相信你能找到答案，并找到提升自己的途径。

2.1 素质决定成败——出纳人员应具备的基本素质

做好出纳工作并不是一件很容易的事，它要求出纳员具有一定的政策水平、扎实的基本业务能力、严谨细致的工作作风及良好的职业道德，具体内容见图 2-1。

出纳人员的基本素质要求		
具有一定的政策水平	→	学习、了解、掌握财经法规和制度，如各种会计制度、现金管理制度及银行结算制度、会计基础工作规范、成本管理条例及费用报销额度、税收管理制度及发票管理办法，还有本单位自己的财务管理规定等
具有扎实的基本业务技能	→	打算盘、用电脑、填票据、点钞票等，都需要深厚的基本功，都必须具备较快的速度和非常高的准确性，要做到准中求快
具有严谨细致的工作作风	→	精力集中、有条不紊、严谨细致、沉着冷静
具有良好的职业道德	→	要热爱本职工作；要依法办事，遵纪守法，严格监督，以身作则；要洁身自好；要实事求是，客观公正；要注意保守机密；要竭力为本单位的中心工作和总体利益服务；要坚持原则，维护法律、法规的尊严

图 2-1　出纳人员应具备的基本素质

2.2 技能传授——出纳人员应掌握的基本技能

出纳工作对出纳人员的业务技能熟练度要求很高，必须勤奋练习，才能轻松胜任本职工作。出纳人员必须掌握的基本技能见图 2-2。

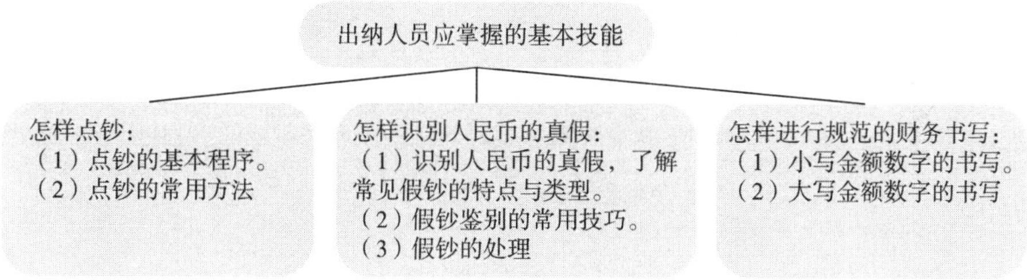

图 2-2　出纳人员应掌握的基本技能

2.2.1　点钞

掌握正确的点钞技巧是出纳人员必备的素质，出纳人员要通过刻苦锻炼，掌握一种或几种手工点钞方法，做到点钞快、准。

点钞的基本程序见图 2-3。

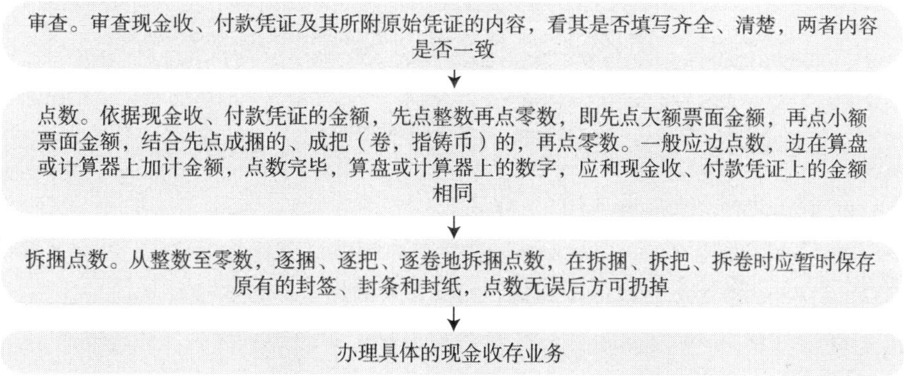

图 2-3　点钞的基本程序

点钞可分为手工点钞和机器点钞，机器点钞易学易懂，在此不做赘述。目前，机器点完后，出纳人员往往还要用手工再行点验，这就要求出纳人员必须熟练掌握一种或几种手工点钞的方法，刻苦训练，以达到能够既快又准地点验钞票。手工点钞的常用方法见图 2-4。

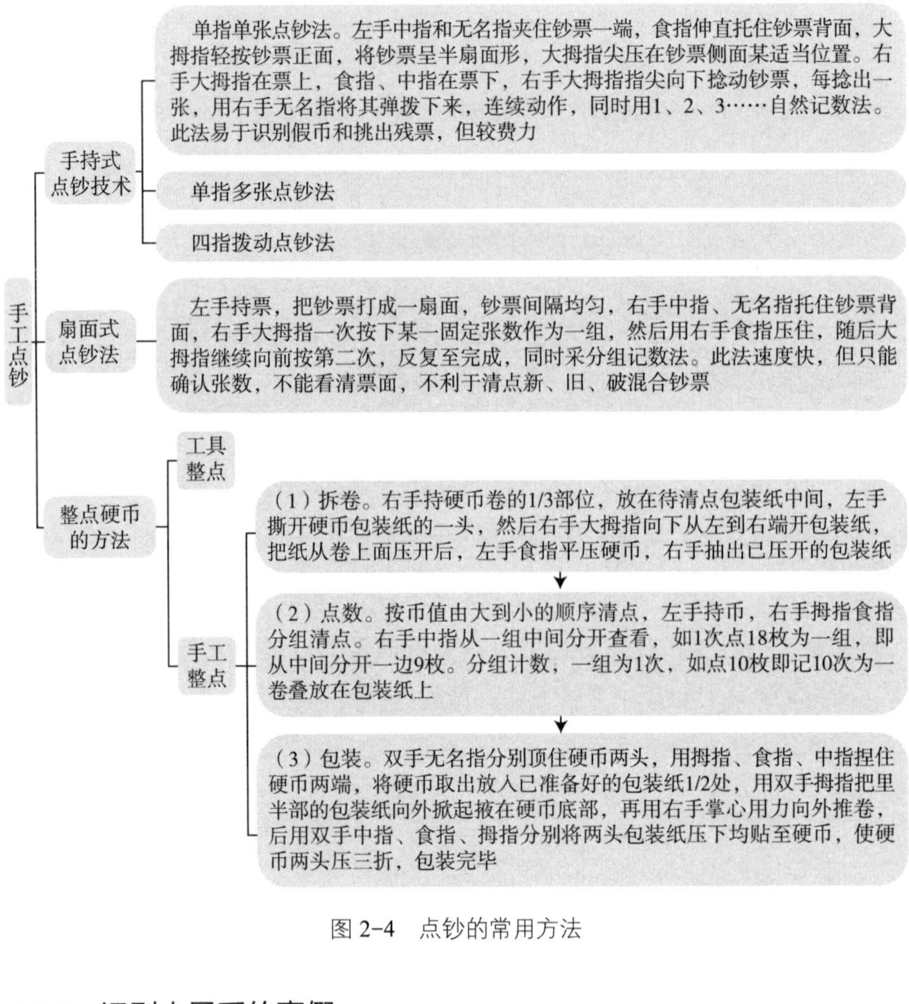

图 2-4　点钞的常用方法

2.2.2　识别人民币的真假

2.2.2.1　第五套人民币的防伪特征

我国自 1948 年 12 月 1 日发行第一套人民币至今先后发行了五套人民币，目前正在使用的是第四和第五套人民币，其中以第五套人民币为主。当前流通的第五套人民币有 1999 年和 2005 年两种版别。2005 年 8 月 31 日起发行的 2005 年版第五套人民币包括 100 元、50 元、20 元、10 元、5 元纸币和 1 角硬币，与 1999 年版第五套人民币同时流通。了解人民币的防伪特征是正确鉴别人民币真伪的前提，以下介绍 1999 年版和 2005 年版第五套人民币的防伪特征（表 2-1）。

表 2-1　1999 年版和 2005 年版第五套人民币的防伪特征对照表

项目	1999 年版人民币防伪特征（以 100 元为例）	2005 年版人民币防伪特征及与 1999 年版的区别
固定人像水印	位于正面左侧空白处，迎光透视，可见与主景人像相同、立体感很强的毛泽东头像水印	
红蓝纤维	票面空白处可看到纸张中有红色和蓝色纤维	取消各券别纸币纸张中的红蓝彩色纤维
磁性微文字安全线/全息磁性安全线	磁性微文字安全线：钞票纸中的安全线，迎光观察，可见“RMB 100”微小文字，仪器检测有磁性	改为全息磁性开窗安全线：100 元、50 元纸币背面中间偏右有一条开窗安全线，开窗部分分别可看到由缩微字符“￥100”“￥50”组成的全息图案。20 元纸币正面中间偏左有一条开窗安全线，开窗部分可看到由缩微字符“￥20”组成的全息图案
手工雕刻头像	正面主景毛泽东头像，采用手工雕刻凹版印刷工艺，形象逼真、传神、易于识别	
隐形面额数字	正面右上方有一椭圆形图案，将钞票置于与眼睛接近平行的位置，面对光源作平面旋转度或 90 度角，即可看到面额“100”字样	调整观察角度。各券别纸币正面右上方有一装饰性图案，将票面置于与眼睛接近平行的位置，面对光源做上下倾斜晃动，可看到面额数字字样
胶印缩微文字	正面上方椭圆形图案中多处印有胶印缩微文字，放大镜下可看到“RMB”和“RMB 100”字样	
光变油墨面额数字	正面左下方“100”字样，与票面垂直直角度观察为绿色，倾斜一定角度则变为蓝色	调整位置：100 元、50 元纸币正面左下角胶印对印图案调整到主景图案左侧中间处，光变油墨面额数字左移至原胶印对印图案处，背面右下角胶印对印图案调整到主景图案右侧中间处

续表

项目	1999年版人民币防伪特征（以100元为例）	2005年版人民币防伪特征及与1999年版的区别
阴阳互补对印图案	（100元）票面正面左下方和背面右下方均有圆形局部图案，迎光观察，正背图案重合并组成一个完整的古钱币图案	增加：20元纸币正面左下角和背面右下角均有一圆形局部图案，迎光透视，可以看到正背面的局部图案合并为一个完整的古钱币图案
雕刻凹版印刷	正面主景毛泽东头像、中国人民银行行名、盲文及背面主景人民大会堂等均采用雕刻凹版印刷，用手指触摸有明显凹凸感	增加：20元纸币背面主景图案桂林山水、面额数字、汉语拼音行名、民族文字、年号、行长章等均采用雕刻凹版印刷，用手触摸，有明显凹凸感
横竖双号码/双色异形横号码	正面采用横竖双号码印刷（均为两位冠字、八位号码）。横号码为黑色，竖号码为蓝色	改为双色异形横号码：100元、50元纸币正面左下角印有双色异形横号码，左侧部分为暗红色，右侧部分为黑色。字符由中间向左右两边逐渐变小

此外，2005年版第五套人民币增加了以下防伪特征或进行一些调整。

（1）白水印：2005年版第五套人民币100元、50元纸币位于正面双色异形横号码下方，2005年版第五套人民币20元纸币位于正面双色横号码下方，迎光透视，分别可以看到透光性很强的水印面额数字字样。

（2）凹印手感线：2005年版第五套人民币各券别纸币正面主景图案右侧，有一组自上而下规则排列的线纹，采用雕刻凹版印刷工艺印制，用手指触摸，有极强的凹凸感。

（3）2005年版第五套人民币各券别纸币背面主景图案下方的面额数字后面，增加人民币单位的汉语拼音“YUAN”；年号改为“2005年”。

（4）第五套人民币1角硬币的材质由铝合金改为不锈钢。

2.2.2.2　常见假钞有哪些类型和特点

单位出纳人员必须具备基本的人民币真伪鉴别知识（图2-5）。假币种类包括机制、拓印、复印、照相、描绘、石版、木版以及蜡版、油印假币等。其中电子扫描分色制版印刷的机制假币数量最多，伪造水平最高，危害性最大。

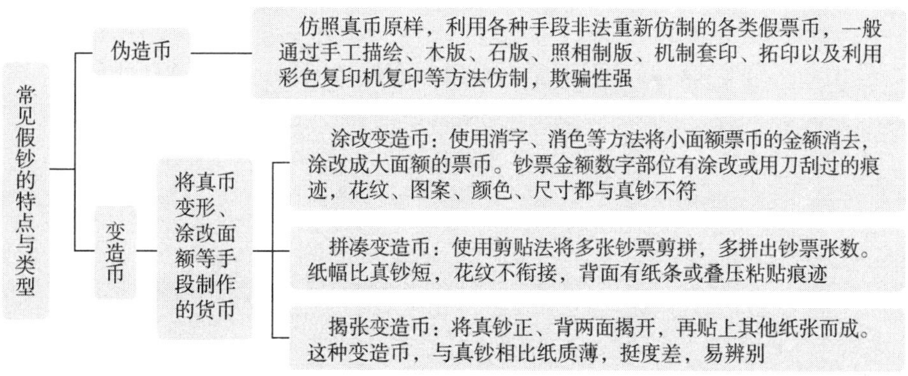

图 2–5　常见假钞的类型和特点

2.2.2.3　假钞鉴别的常用技巧

通过对钞票的纸张、水印等防伪特征进行辨别可以鉴别假钞，常用技巧见表 2–2。

表 2–2　鉴别假钞的常用技巧

鉴别方法	真币特点	假币特点
纸张识别	采用专用钞纸，主要成分为棉短绒和高质量木浆，具有耐磨、有韧度、挺括、不易折断等特点，抖动时声音脆响	纸张绵软、韧性差、易断裂，抖动时声音发闷
水印识别	分满版和固定水印两种。如现行人民币 1、2、5 元券为满水印暗记；10、50、100 元券为固定人头像水印暗记。层次分明、立体感强，透光观察清晰	水印模糊，无立体感，变形较大，用浅色油墨加印在纸张正、背面，无须迎光透视就能看到
凹印技术识别	图像层次清晰，色泽鲜艳、浓郁，立体感强，触摸有凹凸感，如 1 ~ 10 元券人民币在人物、字体、国徽、盲文点处都采用了这一技术	图案平淡，手感光滑，花纹图案较模糊，并由网点组成
荧光识别	1990 年版 50、100 元券人民币分别在正面主图景两侧印有在紫外光下显示纸币面额阿拉伯数字“100”或“50”和汉语拼音“YIBAI”或“WUSHI”的金黄色荧光反应，但整版纸张无任何反应	一般没有荧光暗记，个别的虽有荧光暗记但与真币比较，颜色有较大差异，并且纸张会有较明亮的蓝白荧光反应
安全线识别	安全线是立体实物与钞纸融为一体，有凸起的手感	一般是印上或画上的，如加入立体实物会出现与票面皱褶分离的现象
其他	还可借助仪器进行检测，可用紫外光、放大镜、磁性等简便仪器对可疑票券进行多种检测	

2.2.2.4　如何处理假钞

出纳人员发现假币或可疑币时可以按照图 2-6 所示方法进行处理。

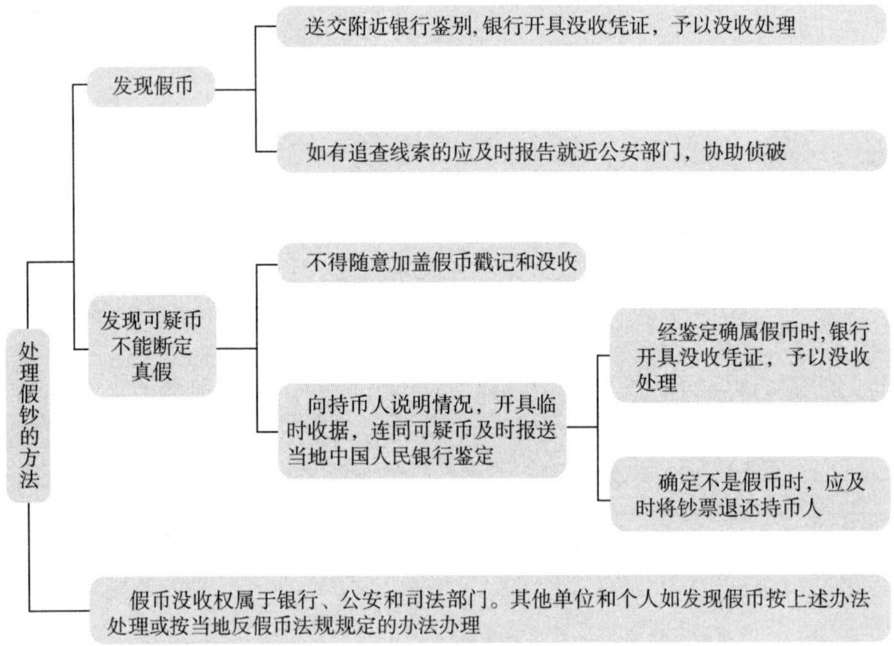

图 2-6　处理假钞的方法

2.2.3　规范的财务书写

出纳人员要不断地填制凭证、记账、结账和对账，经常要书写大量的数字，进行规范的财务书写是出纳人员必须掌握的基本功。如果数字书写不正确、不清晰、不符合规范，就会带来很大的麻烦，因此客观上要求出纳人员掌握一定的书写技能，使书写的数字清晰、整洁、正确并符合规范化的要求。

2.2.3.1　小写金额数字的书写要求

小写金额是用阿拉伯数字来书写的，具体书写要求如图 2-7 所示。

小写金额数字的书写要求

- 小写金额是用阿拉伯数字来书写的
- 阿拉伯数字应当从左到右一个一个地写，不得连笔 —— 字迹工整，排列整齐有序且有一定的倾斜度（数字与底线应呈60度倾斜），并以向左下方倾斜为好；书写的每位数字要紧靠底线但不要顶满格（行），一般每格（行）上方预留1/3或1/2空格位置，用于以后修订错误记录时使用
- 阿拉伯数字前面应当书写货币币种符号或者货币名称简写 —— 币种符号与阿拉伯金额数字之间不得留有空白。凡阿拉伯数字前写有币种符号的，数字后面不再写货币单位。人民币符号为“¥”
- 角、分书写情况 —— 所有以元为单位（其他货币种类为货币基本单位）的阿拉伯数字，除表示单价等情况外，一律填写到角分；无角分的，角位和分位可写“00”，或者符号“—”；有角无分的，分位主应当写“0”，不得用符号“—”代替
- 各个数字的书写基本要求 ——
  “1”字不能写得比其他数字短，以免篡改；
  “2”字不能写成“Z”，以免改作3；
  “3”字要使起笔处至转弯处距离稍长，不应太短，同时转弯处要光滑，避免被误认为5；
  “4”字的“∠”要写成死折，使其不易改作6；
  “5”字的短横与“称钩”必须明显，以防与8混淆；
  “6”字起笔要伸至上半格四分之一处，下圈要明显，使其不易改作4或8；
  “7”字上端一横要既明显又平直，折划不得圆滑；
  “8”字要注意上下两圈儿明显可见；
  “9”字的小圈儿要闭合，并且一竖要稍长，略出行；
  “0”字不要写小，并要闭合，连写几个“0”时不要写连线
- 数字的规范书写 —— 1 2 3 4 5 6 7 8 9 0

图 2-7　小写金额数字的书写要求

2.2.3.2　大写金额数字的书写要求

大写金额是用汉字大写数字零、壹、贰、叁、肆、伍、陆、柒、捌、玖、拾、佰、仟、万、亿等来书写的，具体书写要求见图 2-8。

大写金额数字的书写要求

- 大写金额用汉字大写数字零、壹、贰、叁、肆、伍、陆、柒、捌、玖、拾、佰、仟、万、亿等来书写，一律用正楷或行书体书写，不得用零、一、二、三、四、五、六、七、八、九、十、百、千等简化字代替，不得任意自造简化字
- 大写金额数字到元或者角为止的，在“元”或者“角”字之后应当写“整”字或“正”字；大写金额数字有分的，分字后面不再写“整”或“正”字
- 大写金额数字前未印有货币名称的，应当加填货币名称，货币名称与金额数字之间不得留有空白。如“人民币伍佰元正”
- 阿拉伯金额数字中间有“0”时，汉字大写金额要写“零”字，阿拉伯数字金额中间连续有几个“0”时，汉字大写金额中可以只写一个“零”字；阿拉伯金额数字元位是“0”，或者数字中间连续有几个“0”、元位也是“0”，但角位不是“0”时，汉字大写金额可以只写一个“零”字，也可不写“零”字
- 大写金额中“壹拾×”“壹佰（仟、万）×”的“壹”字，一定不能省略，必须书写
- 大写金额数字的规范书写
  - 正楷：壹 贰 叁 肆 伍 陆 柒 捌 玖 拾 佰 仟 万 亿 零 整 圆 角 分
  - 行书：壹 贰 叁 肆 伍 陆 柒 捌 玖 拾 佰 仟 万 亿 零 整 圆 角 分

图 2-8　大写金额数字的书写要求

3 出纳不懂会计怎么成
——出纳应掌握的会计知识

● 内容概览

出纳是会计岗位设置中不可或缺的部分，大家千万别以为出纳不需要会计知识，只要把钱数清楚了就行。其实出纳与会计是密不可分的，整理原始凭证，编制记账凭证需不需要会计知识？登记现金日记账以及银行存款日记账需不需要会计知识？都需要，因此，即将做出纳的人员必须懂得一些会计知识，这样对今后的工作是不无裨益的。况且，懂得会计知识对你将来的职业发展也很有帮助，因为财务领域是如此丰富而精彩。接下来就跟着我们了解一些会计知识吧。

3.1 洞穿会计基础知识——会计是干什么的

3.1.1 会计的概念

简单地说，会计就是通过记账、算账、报账的程序来提供反映企业财务状况和经营成果的经济信息的信息处理系统。从更严谨的角度来讲，会计是对一个单位的经济活动进行确认、计量和报告，做出预测，参与决策，实行监督，旨在实现最佳经济效益的一种管理活动。

3.1.2 会计核算的基本前提

会计核算的基本前提也即会计的基本假设，包括会计主体、持续经营、会计分期和货币计量（表 3-1），会计核算对象的确定、会计方法的选择、会计数据的搜集等，都要以此为依据。

表 3-1　会计的基本假设（会计核算的基本前提）

	概念	意义
会计主体	会计为之服务的特定单位，给谁算账、会计服务的范围是什么。会计主体的辨别应从以下几方面进行：是否拥有独立资金；是否进行独立的经营活动；是否编制独立的会计报告	界定不同会计主体进行会计核算的范围
持续经营	会计核算应当以企业持续、正常的生产经营活动为前提。一是经营活动要继续；二是企业的财产分类、计价、费用分配和收益确定等均以假设持续经营为基础	是否继续经营在会计核算方法上有很大区别
会计分期	人为地将持续不断的企业生产经营过程划分为一个个首尾相接、间隔相等的期间，叫作会计期间。确定会计期间有利于分期确定费用、收入和利润。我国企业的会计期间按年度划分，以日历年度为一个会计年度，即从每年 1 月 1 日至 12 月 31 日为一个会计年度	会计期间的确定使会计主体有了记账基准

续表

	概念	意义
货币计量	会计主体在会计核算过程中采用货币作为统一计量单位来记账、算账、报账。在我国，会计核算以人民币为记账本位币。业务收支以外币为主的企业，也可选定某种外币作为记账本位币，但编制的会计报表应当折算为人民币反映。境外企业向国内有关部门编报会计报表，应当折算为人民币反映	便于企业管理者掌握企业的财务状况和经营成果

3.1.3 会计核算应遵循的原则

会计核算一般原则是进行会计核算的指导思想和衡量会计工作成败的标准。它具体分为以下几类（图 3-1）。

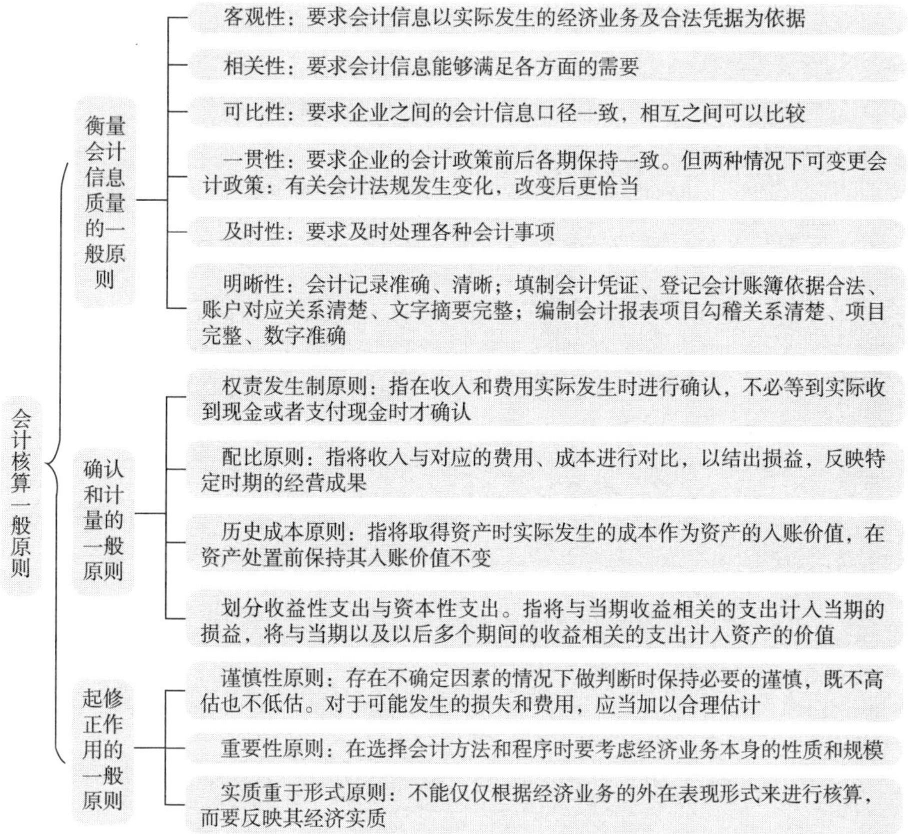

图 3-1　会计核算应遵循的一般原则

3.1.4 会计要素

会计要素是会计核算对象的基本分类，是会计核算对象的具体化，是设定会计报表结构和内容的依据，也是进行确认和计量的依据。对会计要素加以严格定义，就能为会计核算奠定坚实的基础。资产、负债及所有者权益构成资产负债表的基本框架，是反映财务状况的会计要素；收入、费用及利润构成利润表的基本框架，是反映经营成果的会计要素，因此这六项会计要素又称为会计报表要素（图 3–2）。

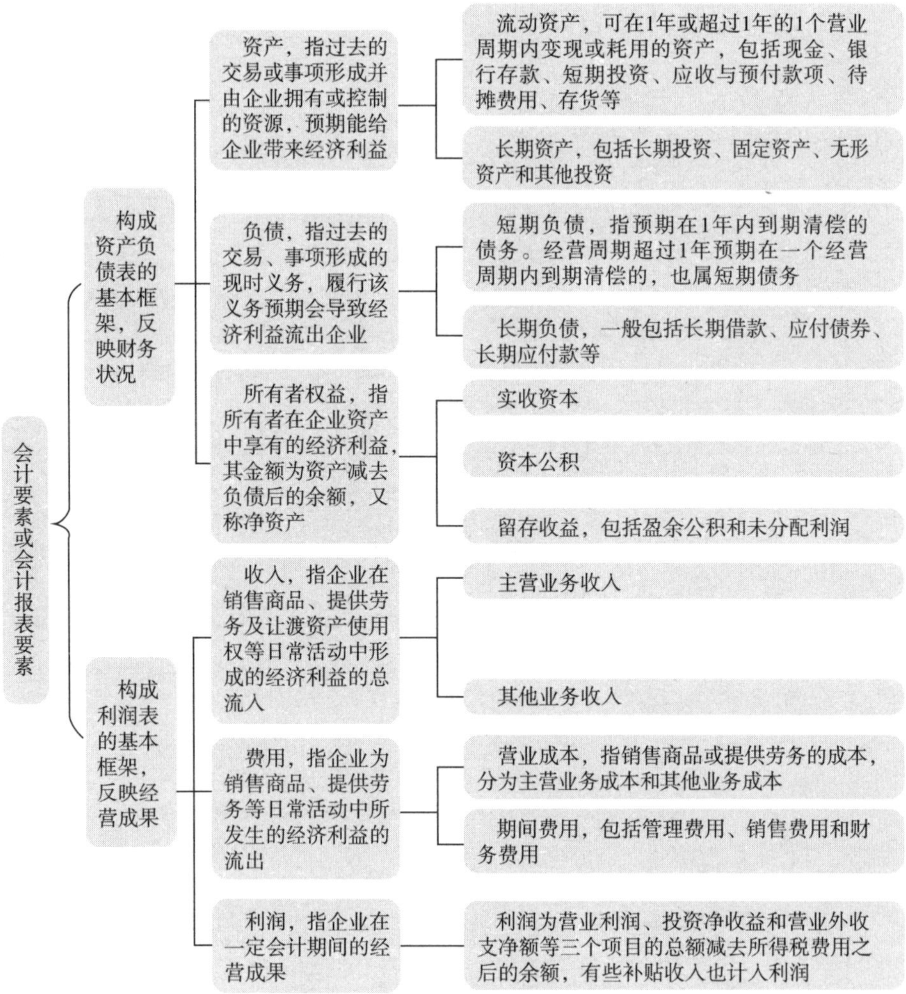

图 3–2　会计要素或会计报表要素

所有者权益和负债的不同详见表 3-2。

表 3-2 所有者权益和负债

	所有者权益	负债
是否需要偿还	除非发生减资、清算，企业不需要偿还给所有者	需要按时偿还
清算时清偿顺序	在清偿所有的负债后才返还所有者	往往优先清偿
能否分享利润	能够分享利润	不能参与利润的分配

3.2 基础“设施”——会计科目和会计账户

3.2.1 会计科目的概念

会计科目是按照经济业务的内容和经济管理的要求，对会计要素的具体内容进行分类核算的科目。会计科目是账户的名称，也是平时做账及编制报表的主要内容。例如，存放在企业的用作零星开支的现金，记账时使用的会计科目就叫“现金”；企业存放在银行的货币资金，记账时使用的会计科目就叫“银行存款”；车间生产出的产品，记账时使用的会计科目叫“产成品”等等。会计科目的名称往往能够直接体现经济业务的内容，其类别见表 3-3。

表 3-3 会计科目的类别

分类依据	类别
业务内容	（1）资产类科目：如现金、银行存款、原材料、固定资产、无形资产等
	（2）负债类科目：如短期借款、应付账款、应付票据、应交税费等
	（3）所有者权益类科目：如实收资本、盈余公积、本年利润、未分配利润等

续表

分类依据	类别
业务内容	（4）成本类科目：如生产成本、制造费用等
	（5）损益类科目：如产品销售收入、产品销售成本、产品销售税金及附加、管理费用、投资收益等
核算详略	（1）总分类账科目
	（2）明细分类账科目

会计科目是进行各项会计记录和提供会计信息的基础，在会计核算中具有重要作用（图3-3）。

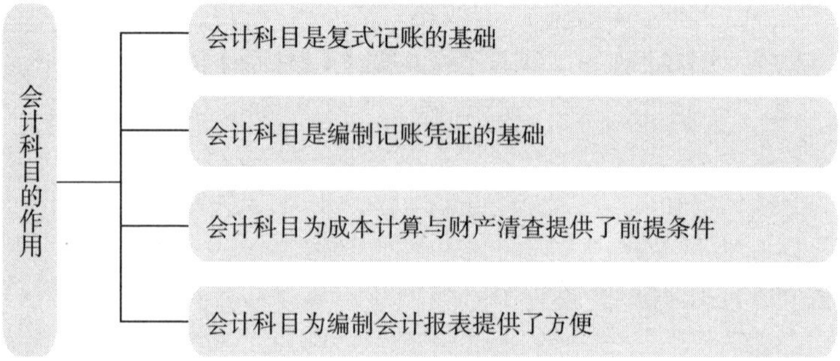

图 3-3　会计科目的作用

3.2.2　会计科目的设置

为了便于掌握和运用会计科目，保证会计核算工作正常、及时地进行，对常用会计科目常常由有关行业会计制度规定一个统一的会计科目表，表2-1就是《企业会计制度》规定的常用会计科目。企、事业单位可以根据一定的原则在统一会计科目表的基础上做适当的增补或合并统一，再编列成会计科目表，以适应具体需求。

3.2.2.1　会计科目设置的原则

会计科目作为反映会计要素的构成及其变化情况，为投资者、债权人、企业经营管理者等提供会计信息的重要手段，在其设置过程中应努力做到科学、合理、适用，满足表3-4所示的原则。

表 3-4 会计科目设置的原则

合法性原则	所设置的会计科目应当符合国家统一的会计制度的规定。我国现行的统一会计制度中均对企业设置的会计科目做出规定，以保证不同企业对外提供的会计信息的可比性。企业应当参照会计制度中的统一规定的会计科目，根据自身的实际情况设置会计科目，但其设置的会计科目不得违反现行会计制度的规定。对于国家统一会计制度规定的会计科目，企业可以根据自身的生产经营特点，在不影响统一会计核算要求以及对外提供统一的财务报表的前提下，自行增设、减少或合并某些会计科目
相关性原则	所设置的会计科目应当为提供有关各方所需要的会计信息服务，满足对外报告与对内管理的要求。根据企业会计准则的规定，企业财务报告提供的信息必须满足对内对外各方面的需要，而设置会计科目必须服务于会计信息的提供，必须与财务报告的编制相协调、相关联
实用性原则	所设置的会计科目应符合单位自身特点，满足单位实际需要。企业的组织形式、所处行业、经营内容及业务各类等不同，在会计科目的设置上亦应有所区别。在合法性的基础上，企业应根据自身特点，设置符合企业需要的会计科目

3.2.2.2 企业常用会计科目表

《小企业会计制度》中给出的常用会计科目表详见表 3-5。

表 3-5 《小企业会计制度》常用会计科目表

顺序号	编号	名称	顺序号	编号	名称
（一）资产类			11	1401	材料采购
1	1001	库存现金	12	1402	在途物资
2	1002	银行存款	13	1403	原材料
3	1012	其他货币资金	14	1404	材料成本差异
4	1101	短期投资	15	1405	库存商品
5	1121	应收票据	16	1407	商品经销差价
6	1122	应收账款	17	1408	委托加工物资
7	1123	预付账款	18	1411	周转材料
8	1131	应收股利	19	1421	消耗性生物资产
9	1132	应收利息	20	1501	长期债券投资
10	1221	其他应收款	21	1511	长期股权投资

续表

顺序号	编号	名称
22	1601	固定资产
23	1602	累计折旧
24	1604	在建工程
25	1605	工程物资
26	1606	固定资产清理
27	1621	生产性生物资产
28	1622	生产性生物资产累计折旧
29	1701	无形资产
30	1702	累计摊销
31	1801	长期待摊费用
32	1901	待处理财产损溢
（二）负债类		
1	2001	短期借款
2	2201	应付票据
3	2202	应付账款
4	2203	预收账款
5	2211	应付职工薪酬
6	2221	应交税费
7	2231	应付利息
8	2232	应付利润
9	2241	其他应付款
10	2401	递延收益
11	2501	长期借款
12	2701	长期应付款

顺序号	编号	名称
（三）所有者权益类		
1	3001	实收资本
2	3002	资本公积
3	3101	盈余公积
4	3103	本年利润
5	3104	利润分配
（四）成本类		
1	4001	生产成本
2	4101	制造费用
3	4301	研发支出
4	4404	工程施工
5	4403	机械作业
（五）损益类		
1	5001	主营业务收入
2	5051	其他业务收入
3	5111	投资收益
4	5301	营业外收入
5	5401	主营业务成本
6	5402	其他业务成本
7	5403	税金及附加
8	5601	销售费用
9	5602	管理费用
10	5603	财务费用
11	5711	营业处支出
12	5801	所得税费用

会计科目编号说明如下。

（1）从左至右的第一位数字表示会计科目的主要大类。例如，用 1 表示资产类，2 表示负债类，3 表示所有者权益类等。

（2）第二位数字和第三位数字等表示每一大类内部的顺序编号。如，资产类编号的三位数中用 0 表示货币资金，用 2 表示存货等；又如，用 01 表示货币资金中的现金，用 21 表示存货中的材料采购等。

3.2.2.3　会计科目的级次

会计科目按其所提供信息的详细程度及其统驭关系不同，分为总分类科目和明细分类科目，对于明细科目较多的科目，可在总分类科目与明细科目之间设置二级或多级科目（表 3-6）。

表 3-6　会计科目提供指标详细程度的范例

总科目（一级科目）	明细分类科目	
	二级科目（子目）	三级科目（细目）
生产成本	×× 车间	×× 产品 ×× 产品
其他应收款	备用金	×× 部门或个人
固定资产	房屋建筑物	爱国楼 图书馆 行政楼

3.2.3　会计账户的概念

账户是根据会计科目设置的，具有一定格式和结构，用于分类反映会计要素增减变动情况及其结果的载体。设置账户是会计核算的重要方法之一。它是对各种经济业务进行分类和系统、连续的记录，反映资产、负债和所有者权益增减变动的记账实体。会计科目的名称就是账户的名称，会计科目规定的核算内容就是账户应记录反映的经济内容，因而账户应该根据会计科目的分类相应地设置。如企业要开设资产类账户、负债类账户、所有者权益类账户、成本类账户和损益类账户；从需要和科目的特点出发，根据总分类科目、二级科目和明细分类科目开设相应的账户，以便于分类、归集、总括和具体、详细地核算数据。

账户使原始数据转换为初始会计信息，通过账户可以对大量复杂的经济业务进行分类核算，从而提供不同性质和内容的会计信息。

3.2.4 会计账户的分类

根据不同的标准，会计账户可以做不同的分类，具体见表 3-7。

表 3-7 会计账户的类别

分类依据	类别
会计科目的内容	（1）资产类账户。 （2）负债类账户。 （3）所有者权益类账户。 （4）成本类账户。 （5）损益类账户
核算详略	（1）总分类账户。 （2）明细分类账户
账户按用途和结构分类	（1）盘存类账户。 （2）结算类账户。 （3）跨期摊配类账户。 （4）资本类账户。 （5）调整类账户。 （6）集合分配类账户。 （7）成本计算类账户。 （8）集合配比类账户。 （9）财务成果类账户

3.2.5 账户的基本结构

账户分为左方、右方两个方向，一方登记增加，一方登记减少。登记本期增加的金额，称为本期增加发生额；登记本期减少的金额，称为本期减少发生额；增减相抵后的差额，称为余额，余额按照表示的时间不同，分为期初余额和期末余额，其基本关系如下。

（1）对于资产类科目：

期末余额=期初余额+借方发生额-贷方发生额

（2）对于负债及所有者权益类科目：

期末余额=期初余额-借方发生额+贷方发生额

账户的结构范例见表 3-8。

表 3-8 账户的结构范例

账户名称（会计科目）

年		凭证号数	摘要	借方	贷方	借或贷	余额
月	日						

3.3 核算的依据——会计凭证与会计账簿

在出纳的日常工作中，填制会计凭证、登录会计账簿是出纳人员的一项重要工作，在这里我们主要介绍一下会计凭证与会计账簿的基本知识，至于会计凭证的编制、审核，以及会计账簿的登录等内容，将在“出纳人员的账证业务”一章中进行详细介绍。

3.3.1 会计凭证的概念

会计凭证，是记录经济业务的具体内容，明确经济责任的书面文件。按照填制程序和用途，会计凭证可分为原始凭证和记账凭证，详见图 3-4。

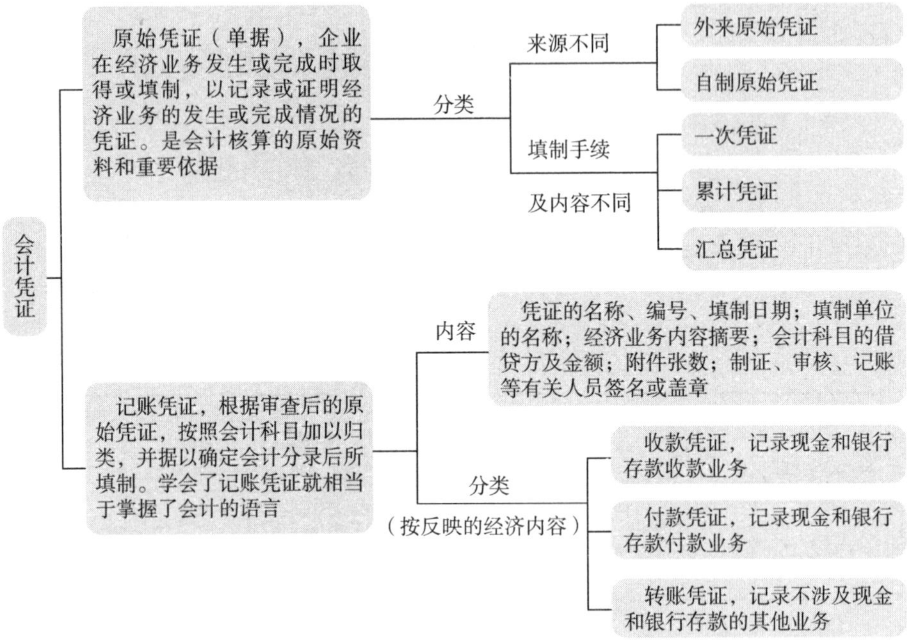

图 3-4　会计凭证的种类

3.3.2　会计账簿的概念、意义及分类

3.3.2.1　会计账簿的概念

会计账簿，是指由一定格式账页组成的，以会计凭证为根据，对各项经济业务连续、系统、全面地反映在账册中的簿记。设置和登记账簿，是编制会计报表的基础，是联结会计凭证与会计报表的中间环节，在会计核算中具有重要意义。

3.3.2.2　会计账簿设置的意义

（1）通过账簿的设置和登记，记载、储存会计信息。将会计凭证所记录的经济业务记入有关账簿，可以全面反映会计主体在一定时期内所发生的各项资金运动，储存所需要的各项会计信息。

（2）通过账簿的设置和登记、分类、汇总会计信息。账簿由不同的相互关联的账户所构成，通过账簿记录，一方面可以分门别类地反映各项会计信息，提供一定时期内经济活动的详细情况；另一方面可以通过发生额、余额计算，提供各方面所需要的总括会计信息，反映财务状况及经营成果。

（3）通过账簿的设置和登记，检查、校正会计信息。账簿记录是会计凭证信息的进一步整理。

（4）通过账簿的设置和登记，编表、输出会计信息。为了反映一定日期的财务状况及一定时期的经营成果，应定期进行结账工作，进行有关账簿之间的核对，计算出本期发生额和余额，据以编制会计报表，向有关各方提供所需要的会计信息。

3.3.2.3 会计账簿的分类

根据不同的依据，可将会计账簿分为不同类别，详见表 3-9。

表 3-9 会计账簿的分类

分类依据	类别	备注
用途不同	日记账。也称序时账，按经济业务发生的顺序逐日逐笔登记	应用最多的是现金日记账和银行存款日记账
	分类账。总分类账户和明细分类账户进行分类登记	
	备查簿。指对某些在日记账和分类账中未记录或记录不全的经济业务进行补充登记的账簿	如经营性租入固定资产备查簿、受托加工物资备查簿等
格式不同	三栏式账簿。采用借方、贷方、余额三个主要栏目	总分类账、日记账等一般采用
	多栏式账簿。采用一个借方栏目，多个贷方栏目或一个贷方栏目、多个借方栏目	收入账、成本账、费用账一般采用
	数量金额式账簿。采用数量与金额双重记录	材料明细账一般采用
外形不同	订本账	
	活页账	
	卡片账	

3.3.3 对总分类账和明细分类账进行平行登记

总分类账户是用以综合反映各个会计要素增减变化及其结果的账户，明细分类账户是用来详细反映会计要素的增减及其变化结果的账户，二者的核算内容、记账的方法和计量的金额应该是相同的，只是在反映资金增减变化的详细程度上有所不同。在实际工作中，把总分类账户叫作所属明细分类账户的“统驭账户”，而把明细分类账户叫作总分类账户的“辅助账户”。

总分类账与明细分类账是既有内在联系，又有区别的两类账户。二者之间的内在联系主要表现在以下两方面：所反映的经济业务内容相同，登记账簿的原始依据相同。二者之间的区别主要表现在以下两方面：反映经济内容的详细程度不同，作用不同。

现行记账法主要是借贷复式记账法，总分类账户与明细分类账户之间的平行登记，主要是指图 3-5 所示的四种登记方法。

总分类账与明细分类账的平行登记

- 每项经济业务，在记入相关总分类账户的同时，必须记入所属的明细分类账户。若一项经济业务涉及某一个总分类账户所属的几个明细分类账户，则应分别记入相关的几个明细账户
- 每项经济业务，在总分类账户和所属明细账户进行登记时，记账方面（借方或贷方）必须一样
- 每项经济业务，记入总分类账户的金额必须等于所属明细账户记入金额之和
- 总分类账户的期初余额、本期发生额及期末余额，应等于所属明细分类账户的期初余额、本期发生额及期末余额之和

图 3-5　总分类账和明细分类账的平行登记

3.4　探秘借贷记账法

记账方法可分为单式记账法和复式记账法，复式记账法要求对任何一项经济业务，都必须用相等的金额在两个或两个以上的有关账户中相互联系地进行登记，借以反映会计对象具体内容增减变化，现在已成为世界通用的一种记账方法。

借贷记账法是复式记账法的一种（此外还有增减记账法、收付记账法等），是各国普遍采用的一种记账方法，我国颁布的《企业会计准则》规定中国境内的所有企业都应采用借贷记账法记账。采用借贷记账法记账可以清晰地表明经济业务的来龙去脉，也便于试算平衡和检查账户记录的正确性。

3.4.1 从会计恒等式出发

为了便于后面的学习，先介绍会计恒等式——复式记账法的理论基础，也是资产负债表的理论基础（图 3-6）。理解会计恒等式，有助于理解资产负债表、损益表的结构原理，也便于进行财务分析。

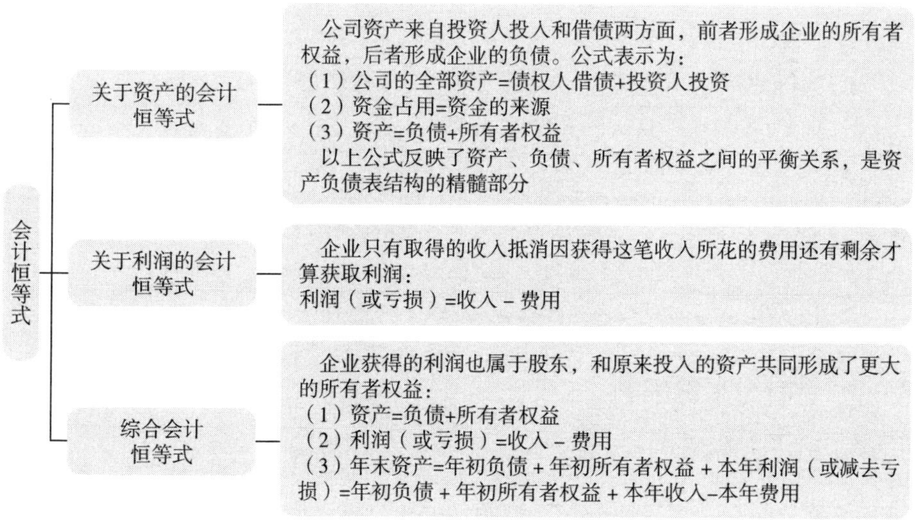

图 3-6　会计恒等式

3.4.2 借贷记账法

借贷记账法是以“借”“贷”二字作为记账符号，记录会计要素增减变动情况的一种复式记账法（图 3-7）。

借贷记账法的内容

- 以“借”和“贷”为记账符号。习惯上称账户的左方为借方，右方为贷方，“借”和“贷”是代表记账方向的一对记账符号，在不同性质的账户中表示不同的含义
- 以“有借必有贷、借贷必相等”为记账规则。经济业务的发生一方面记入有关账户的借方，另一方面必须记入有关账户的贷方，且所记借方的金额与贷方的金额必然相等，此规则适用于每一项经济业务
- 账户的对应关系、对应账户及会计分录。按照借贷记账法的记账规则登记每一项经济业务时，在有关账户之间就发生了应借、应贷的相互关系，即账户的对应关系，存在对应关系的账户，叫作对应账户

图 3-7　借贷记账法的内容

不同账户增加减少记账的原则见表 3-10。

表 3-10　不同账户类型记账的原则

资产类账户	资产增加时，记入左侧；资产减少时，记入右侧
负债类账户	负债增加时，记入右侧；负债减少时，记入左侧
所有者权益类账户	所有者权益增加时，计入右侧；所有者权益减少时，计入左侧
成本类账户	成本增加时，计入左侧；成本减少时，计入右侧
收入类账户	收入增加时，计入右侧；收入减少时，计入左侧
费用类账户	费用增加时，计入左侧；费用减少时，计入右侧

3.4.3　会计分录的编制

会计分录是指明经济业务应记账户名称，应借、应贷方向和金额的记录，简称分录。为了保证账户对应关系的正确性，对每一项经济业务在记入有关账户前，首先应根据经济业务确定涉及的对应账户名称，及其借、贷方向和金额编制会计分录。

会计分录分为简单会计分录和复合会计分录（表 3-11）。

表 3-11　会计分录的种类

分类依据	内容
反映经济业务的复杂程度、涉及对应账户的多少	简单会计分录。即“一借一贷”的分录，一个账户的借方同另一个账户的贷方发生对应关系
	复合会计分录。包括“一借多贷”的会计分录和“多借一贷”的会计分录，一个账户的借方同几个账户的贷方发生对应关系

编制会计分录的步骤如图 3-8 所示。

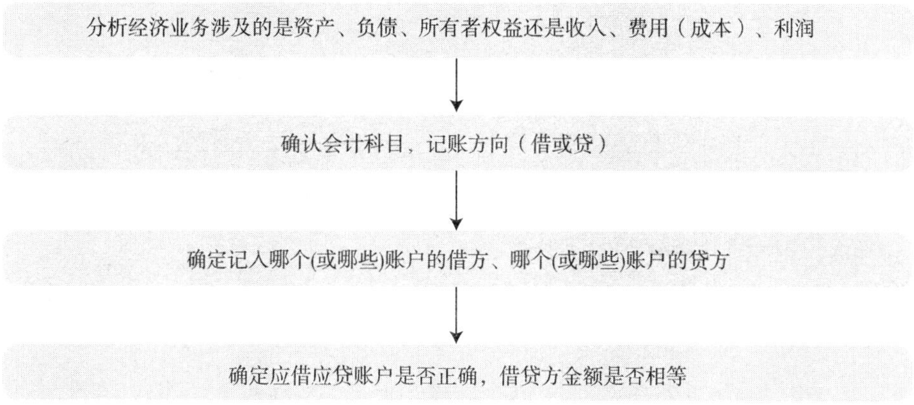

图 3-8　会计分录编制的步骤

编制会计分录应该注意的要点见图 3-9。

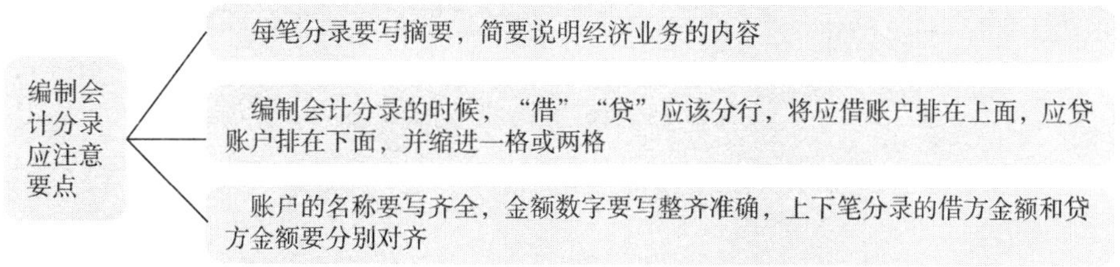

图 3-9　编制会计分录应注意要点

3.4.4　怎样通过“试算平衡”来发现会计核算中的错误

试算平衡，就是根据“资产 = 负债 + 所有者权益”的平衡关系，按照记账规则的要求，通过汇总计算和比较，来检查账户记录的正确性、完整性，发现会计核算中的错误。

经济业务发生后，按照借贷记账法的记账规则来记账，借贷两方的发生额必然是相等的。不仅是每一笔会计分录借贷发生额相等，而且当一定会计期间（年、季、月）的全部经济业务的会计分录都记入相关账户后，所有账户的借方发生额与贷方发生额的合计数也必然相等。以此类推，全部账户的借方期末余额与贷方期末余额的合计数也必然相等。用借贷记账法记账，就要根据借贷必相等的规则进行试算平衡，检查每笔经济业务和会计分录是否正确，全部账户的本期发生额是否正确，因此有会计分录试算平衡公式和发生额试算平衡公式。

通过前面账户结构的说明，可以得出结论：凡是借方余额的账户都是资产类账户，凡是贷方余额的账户都是负债或所有者权益类账户。由于“资产=负债+所有者权益”的恒等性，所以账户借方余额的合计数等于贷方余额的合计数，因此有余额试算平衡公式。

简单来说，采用借贷记账法进行试算平衡，可以按照下列公式进行（图 3-10）。

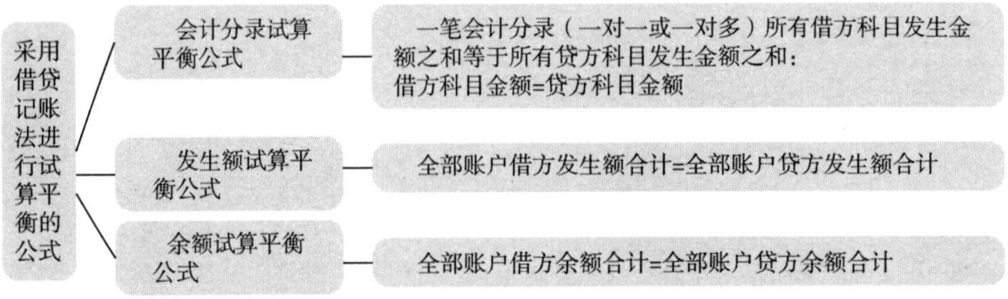

图 3-10　试算平衡公式

当然，通过试算平衡来检查账簿记录是否正确并不是绝对的，如果借贷不平衡，就可以肯定账户的记录或者计算有错误。但是如果借贷平衡，却不能肯定记账没有错误，如果在有关账户中重记或者漏记某些经济业务，或者将借贷方向弄反，就不能通过试算平衡发现错误。

3.4.5　运用借贷记账法的会计分录编制举例

编制会计分录可以说是会计工作中最具有“技术含量”的工作，不仅需要熟练掌握会计制度，更需要有一定的职业判断能力。在这里，我们以举例的形式，向大家介绍一下出纳人员最常用的会计分录的编制方法。

（1）从银行提取现金，按支票存根记载的提取金额编制会计分录。

借：库存现金　　×××

　　贷：银行存款　　×××

（2）将现金存入银行，按银行退回给收款单位的收款凭证联上的金额编制会计分录。

借：银行存款　　×××

　贷：库存现金　　×××

（3）因支付职工出差费用等原因所需的现金，按支出凭证所记载的金额编制会计分录。

借：其他应收款　　×××

　贷：库存现金　　×××

收到出差人员交回的差旅费剩余款并结算时，应编制如下的会计科目。

借：库存现金（按实际收回的现金）　　×××

　　管理费用（按应报销的金额）　　×××

　贷：其他应收款（按实际借出的现金）　　×××

（4）每日终了结算现金收支、财产清查等发现的现金短缺或溢余应视不同的情况编制会计分录。

①如为现金短缺：

借：其他应收款、库存现金（按应由责任人赔偿的部分）　　×××

　　管理费用（按实际短缺的金额扣除应由责任人赔偿的部分后的金额）　　×××

　贷：库存现金（按实际短缺的金额）　　×××

②如为现金溢余：

借：现金（按实际溢余的金额）　　×××

　贷：其他应付款（按应支付给有关人员或单位的部分）　　×××

　　　营业外收入（按实际溢余的金额超过应支付给有关人员或单位的部分后的金额）　　×××

（5）发生的存款利息，根据银行通知及时编制收款凭证编制会计分录。

借：银行存款　　×××

　贷：财务费用　　×××

4 出纳人员应掌握的税务知识

● 内容概览

在美国流传着这样一种说法："只有税收和死亡是不可避免的。"这句貌似说笑的话中道出了这样的道理，即在现代经济生活中，税收是每个人、每个企业都将面对的问题。比如在2007和2008年，股票交易印花税的调整引起了股票价格的深度调整，可以说税收影响着企业经营甚至个人生活的方方面面，很可能因为国家的一个税收政策而改变一个企业甚至一个行业的命运。

作为财务工作者的出纳人员，自然不能对税收知识一无所知，如果你觉得自己在税收方面的知识有所欠缺的话，那么还等什么，赶紧往下看吧。

4.1　概念诠释——什么是税收

4.1.1　税收的概念

税收是国家为实现其职能，凭借政治权力，按照法律规定，通过税收工具强制地、无偿地取得财政收入的一种形式。国家依法对负有纳税义务的单位和个人征收一定货币和实物。一个国家的政府有多种取得财政收入的方式，同其他的方式相比较，税收具有强制性、无偿性、固定性的特征。具体如图 4–1 所示。

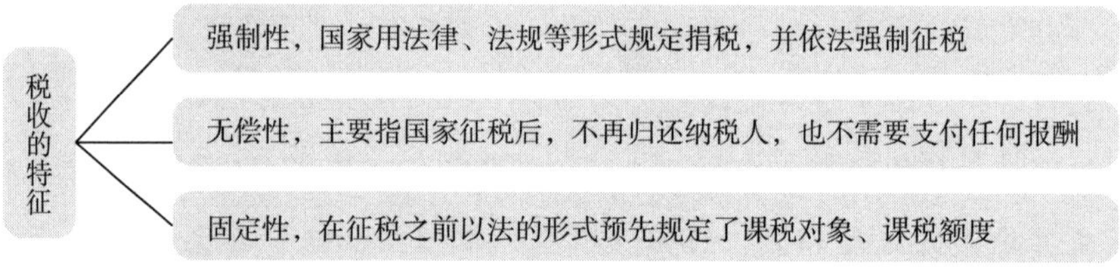

图 4–1　税收的特征

4.1.2　税法的概念

税收行为需要税法来规范，一切税收行为都应该依据税法来进行。税法的概念如图 4–2 所示。

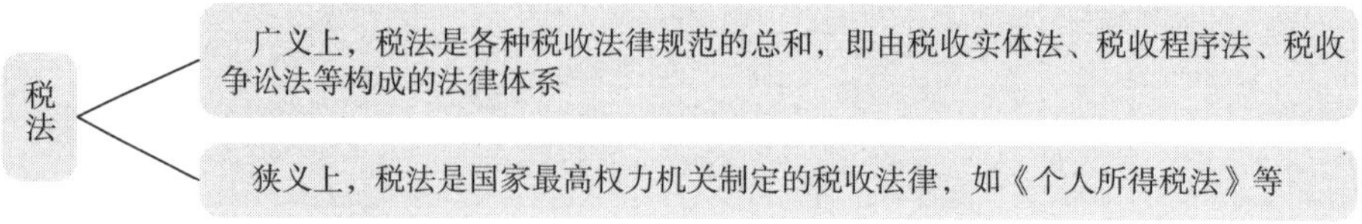

图 4–2　税法的概念

4.2 听着耳熟的那些税——我国的主要税种简介

4.2.1 我国的企业需要交纳哪些税

我国目前征收的主要税种有20余种，这些税种按照征税对象的不同，大体可以分为五个类别（表4-1）。

表4-1 我国税种的主要类别

主要类别	概念	包含的具体税种
流转税类	针对商品、劳务的交易额征收的税种	增值税、消费税、关税
资源税类	因开发和利用自然资源而缴纳的税种	资源税、城镇土地使用税
所得税类	针对个人、企业取得的净收入而征收的税种	个人所得税、企业所得税
特定目的税类	具有特别征收目的的税种	城市维护建设税、土地增值税、车辆购置税、耕地占用税
财产和行为税类	针对某些特定的行为、财产征收的税种	房产税、城市房地产税、车船使用税、车船使用牌照税、印花税、契税

4.2.2 流转税的概念及主要税种

流转税指在商品流转或劳务提供的过程中，以商品的流转金额或者提供的劳务金额作为征税依据的税种。在我国流转税是主要税种，几乎每个企业都需要缴纳流转税。流转税对保证国家及时、稳定、可靠地取得财政收入有着重要的作用。同时，它对调节生产、消费也有一定的作用。因此，流转税一直是我国的主体税种。一方面体现在它的收入在全部税收收入中所占的比重一直较大；另一方面体现在它的调节面比较广泛，对经济的调节作用一直比较显著。

流转税所包含的主要税种如图 4-3 所示。

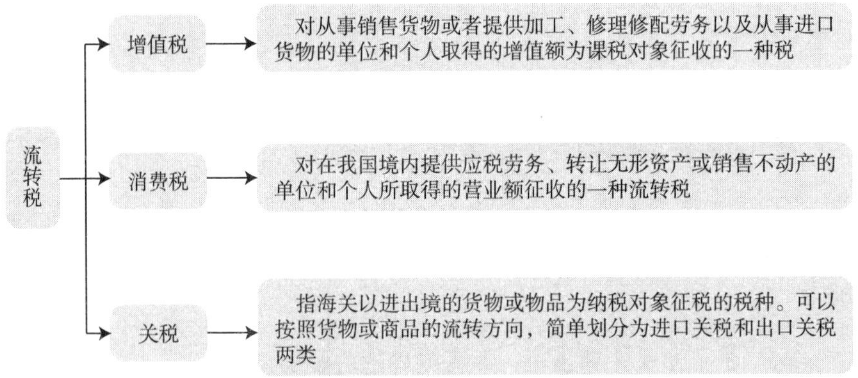

图 4-3　流转税的概念及主要类别

4.2.3　所得税的概念及主要税种

所得税又称所得课税、收益税，指国家对法人、自然人和其他经济组织在一定时期内的各种所得征收的一类税收。这种税以所得的多少为负担能力的标准，比较符合公平、普遍的原则，并具有经济调节功能。

所得税是我国另一类重要的税收，它是对企业、个人的所得征收的税种。在这里所得，不是指全部的收入，而是全部的收入减去各种成本费用后的余额（图 4-4）。

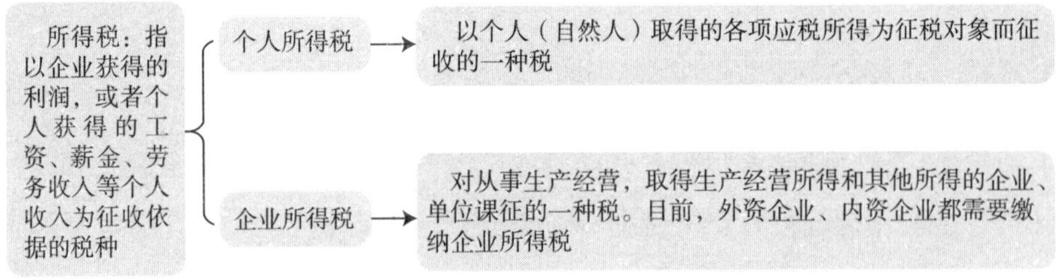

图 4-4　所得税的概念及主要类别

4.3 税收的构成要素

4.3.1 税收的构成要素

所谓税收的构成要素，就是国家设立一项税收时，应该予以规定的内容。税收的构成要素一般包括总则、纳税义务人、征税对象、税目、税率、纳税环节、纳税期限、纳税地点、减税免税、罚则、附则等项目。具体如图 4-5 所示。

- 税收的构成要素
  - 总则。主要包括立法依据、立法目的、适用原则等
  - 纳税义务人。即纳税主体，指履行纳税义务的法人、自然人及其他组织
  - 征税对象。即纳税客体，指税收法律关系中征纳双方权利义务所指向的物或行为，是区分不同税种的主要标志
  - 税目。是各个税种所规定的具体征税项目。如消费税具体规定了烟、酒等11个税目
  - 税率。是对征税对象的征收比例或征收额度，我国现用的主要有：比例税率、定额税率、超额累进税率、超率累进税率
  - 纳税环节
  - 纳税期限
  - 纳税地点
  - 减税免税。主要是对某些纳税人和征税对象采取减少征税或者免予征税的特殊规定
  - 罚则
  - 附则。一般规定与该法紧密相关的内容，如该法的解释权、生效时间等

图 4-5 税收的构成要素

4.3.2　纳税义务人

纳税义务人简称纳税人，也称“纳税主体”，是税法中规定的直接负有纳税义务的单位和个人。

为了更好地理解纳税义务人的概念，还必须理解负税人、代扣代缴义务人和纳税单位等三个相关的概念，详见表 4-2。

表 4-2　负税人、代扣代缴义务人和纳税单位相关概念

其他概念	内容	纳税义务人与其他概念的区别
负税人	实际负担税款的单位和个人	纳税人不一定是负税人。如能通过一定途径把税款转嫁或转移出去，纳税人就不再是负税人。否则，纳税人同时也是负税人
代扣代缴义务人	有义务从持有的纳税人收入中扣除其应纳税款并代为缴纳的企业、单位或个人	如个人所得税法规定：个人所得税以所得人为纳税义务人，以支付所得的单位或个人为扣缴义务人
纳税单位	申报缴纳税款的单位	纳税单位是纳税人的有效集合。在法律上负有纳税义务的同类型纳税人可以作为一个纳税单位，填写一份申报表纳税

4.3.3　税率

税率是对征税对象的征收比例或征收额度。税率是计算税额的尺度，也是衡量税负轻重与否的重要标志，它解决了征多少税的问题。我国现行使用的税率种类见表 4-3。

表 4-3　我国现行使用的税率种类

种类	内容	举例
比例税率	对同一征税对象，不分数额大小，规定相同的征收比例。流转税一般都实行比例税率。比例税率又分为统一比例税率和差别比例税率	增值税、城市维护建设税、企业所得税

续表

种类	内容	举例
超额累进税率	把征税对象按数额的大小分成若干等级，每一等级规定一个税率，税率依次提高，但每一纳税人的征税对象则依所属等级同时适用几个税率分别计算，将计算结果相加后得出应纳税款。一般适用于收益、财产征税	个人所得税
定额税率	按征税对象确定的计算单位，直接规定一个固定的税额	资源税、城镇土地使用税、车船使用税
超率累进税率	以征税对象数额的相对率划分若干级距，分别规定相应的差别税率，相对率每超过一个级距的，对超过的部分就按高一级的税率计算征税。它与超额累进税率的原理相同，只是税率累进的依据不是征税对象的数额而是征税对象的某种比率	土地增值税

4.3.4 纳税环节

纳税环节是指税法上规定的课税对象从生产到消费的流转过程中应当缴纳税款的环节。国家对不同的商品课税往往确定不同的纳税环节。

按照纳税环节的多少，可将税收课征制度划分为一次课征制和多次课征制。具体见表 4-4。

表 4-4 税收课征制度的分类

种类	内容
一次课征制	同一税种在商品流转的全过程中只选择某一环节课征。一次课征制税源集中，可以避免重复征税
多次课征制	同一税种在商品流转的全部过程中选择两个或两个以上环节课征

4.3.5 纳税期限

纳税期限，是指纳税人按照税法规定缴纳税款的期限。要正确理解纳税期限的概念，必须先理解三个相关的概念（表 4-5）。

表 4-5　纳税期限的相关概念

纳税期限的相关概念	内容
纳税义务发生时间	纳税人发生应税行为应当承担纳税义务的起始时间
纳税计算期	法律、行政法规规定的或者税务机关依照法律、行政法规的规定确定的纳税人据以计算应纳税额的期限
税款缴库期	纳税人、扣缴义务人在一个税款计算期结束后，到其开户行或其他金融机构或向税务机关缴纳税款的期限

我国现行税制的纳税计算期限有三种形式，如图 4-6 所示。

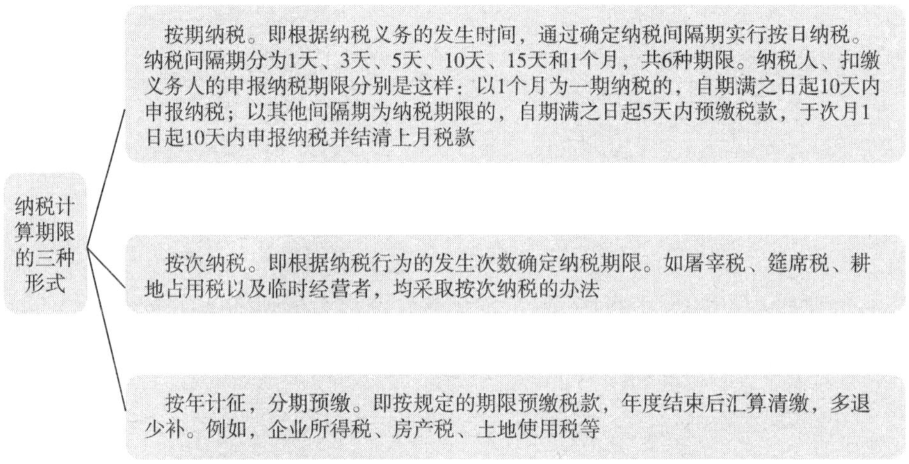

图 4-6　我国现行税制计算纳税期限的三种形式

4.3.6　减税免税

减税是从应征税款中减征部分税款；免税是免征全部税款。减税免税是对某些纳税人和征税对象给予鼓励和照顾的一种措施。减税免税的类型有：一次性减税免税、一定期限的减税免税、困难照顾型减税免税、扶持发展型减税免税等。为严肃税法，1994 年的税制改革特别强调将减免税权限集中于国务院。

减税免税可以分为三种基本形式，如图 4-7 所示。

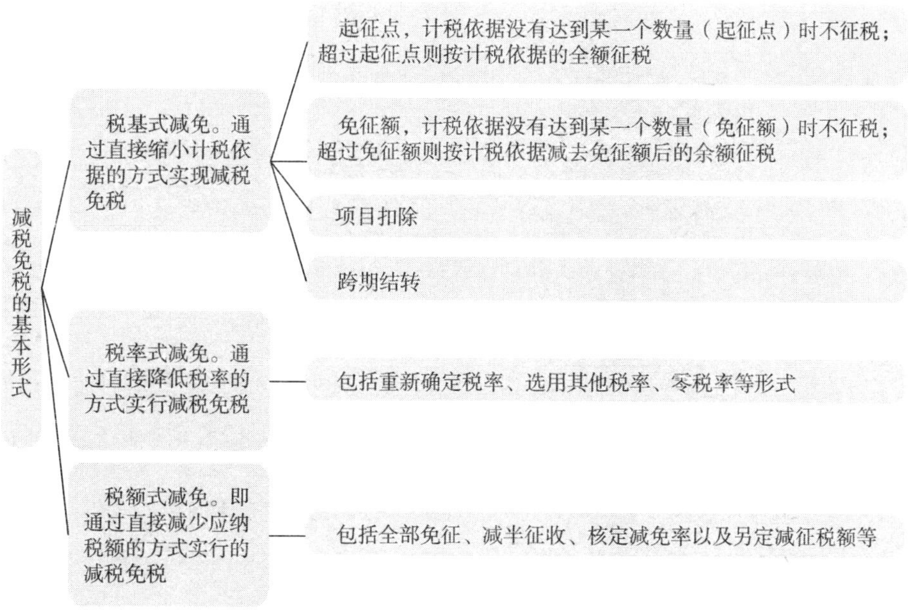

图 4-7 减税免税的三种基本形式

4.4 纳税申报

4.4.1 纳税申报概念及种类

纳税申报是指纳税人按照税法规定，定期就计算缴纳税款的有关事项向税务机关提出的书面报告。纳税申报方式有自行申报、邮寄申报和代理申报三种（表 4-6）。

表 4-6　纳税申报的种类

自行申报	纳税人、扣缴义务人按照规定的期限自行到主管税务机关办理纳税申报手续
邮寄申报	纳税人、扣缴义务人将纳税申报表及有关纳税资料通过邮局寄送主管税务机关办理纳税申报手续。邮寄申报主要适用于那些到税务机关办理纳税申报有困难的纳税人。采用邮寄申报的纳税人事先应填写“邮寄申报申请表”提出申请，经税务机关批准后方可采用
代理申报	纳税人、扣缴义务人委托注册税务师办理纳税申报手续

另外，纳税人因特殊原因不能如期报送纳税申报表时，应及时向税务机关提出延期申请，并填写“延期申请报告表”，经税务机关核准后，在核准期限内办理。

4.4.2　纳税申报表的填制

我国现行税收体系有 20 多个税种，主要可归为以下几类：流转税、资源税、所得税、财产和行为税、农业税和关税等。本书就流转税做简要讲解，若要了解有关税收知识的详细内容，请参阅本丛书的有关篇目。

流转税是以纳税人在商品生产、流通过程中销售商品的销售收入，购进商品支付金额或提供应税劳务取得的收入为征税对象的税，主要包括：增值税、消费税和关税。

4.4.2.1　增值税纳税申报表的填制

（1）表首部分：

“税款所属时间”是指纳税人申报的增值税应纳税额的所属时间。

“填表日期”是指纳税人填写本表的具体日期。

“纳税人识别号”应填写税务机关为纳税人确定的识别号。

“纳税人名称”应填写纳税人单位全称。

“营业地址”应填写纳税人营业地的详细地址。

“企业登记注册类型”应按税务登记证规定填写。

（2）正表部分：

“本期销项”部分“应税货物和应税劳务名称”是指应征增值税的所有

货物和应税劳务，包括出口先征后退货物、视同销售货物、外贸企业作价销售进料加工复出口的货物等。

“应税销售额”应填写纳税人销售货物和劳务所取得的全部销售额，包括财务上不做销售但税法规定应征增值税的价外费用等。

“免税货物”应填写国内环节免税货物。

“出口货物免税销售额”应填写享受免税政策出口货物的销售额，包括实行免抵退办法出口货物的销售额，但不包括实行出口先征后退货物的销售额。

“本期进项税额发生额”应填写按本期购进货物或应税劳务取得的增值税专用发票、收购凭证、运输发票以及进口货物海关完税凭证计算的进项税额。纳税人当期可以抵扣的期初存货已征税款、实行出口先征后退货物负担的进项税额也在本栏填列。

“进项税额转出”应填写纳税人已经抵扣但按规定应当转出的进项税额。

“免税货物用”应填写销售免税货物的进项税额，包括出口免税货物的进项税额，但不包括实行免抵退办法出口货物的进项税额。

“非应税项目用”应填写不征增值税项目的进项税额。

“非正常损失”应填写非正常损失的原材料、在产品、产成品等项目的进项税额。

“简易办法征税货物用”应填写纳税人销售按简易办法计算增值税的货物的进项税额。

“免抵退货物不得抵扣税额”应填写出口企业实行免抵退办法计算的不得抵扣的进项税额。

“其他”应填写其他按规定需转出的进项税额，包括用于集体福利、个人消费等项目的进项税额。

“期初存货已征税款期末余额”应填写纳税人期末尚未抵扣完的年初存货已征税款余额。

“上期留抵税额”应填写纳税人前一期申报的“期末留抵税额”。

“免抵退货物已退税额”应填写税务机关按照出口货物免抵退办法审批的实际退税额。

“代扣代缴税额”应填写根据《中华人民共和国增值税暂行条例实施细则》的有关规定扣缴的增值税。

“本期应纳税额预缴数”是指纳税人在办理纳税申报前向税务机关预缴本期应纳税额数。

“欠缴税额”应填写按税法规定已形成欠税的数额。

“本期应补（应退）税额”应填写本期应纳税额中尚未缴纳的数额。

“增值税纳税申报表”格式见表 4-7。

表 4-7　增值税纳税申报表（小规模纳税人适用）

纳税人识别号：　　　　　　　　　　　　　　填表日期：　　年　月　日
纳税人名称（公章）：　　　　　　　　　　　金额单位：元　角　分
税款所属期：　　年　月　日至　　年　月　日

	项目	栏次	本期数		本年累计	
			货物及劳务	服务、不动产和无形资产	货物及劳务	服务、不动产和无形资产
一、计税依据	（一）应征增值税不含税销售额（3% 征收率）	1				
	税务机关代开的增值税专用发票不含税销售额	2				
	税控器具开具的普通发票不含税销售额	3				
	（二）应征增值税不含税销售额（5% 征收率）	4	—		—	
	税务机关代开的增值税专用发票不含税销售额	5	—		—	
	税控器具开具的普通发票不含税销售额	6	—		—	

续表

	项目	栏次	本期数		本年累计	
			货物及劳务	服务、不动产和无形资产	货物及劳务	服务、不动产和无形资产
一、计税依据	（三）销售使用过的固定资产不含税销售额	7(7≥8)		—		—
	其中：税控器具开具的普通发票不含税销售额	8		—		—
	（四）免税销售额	9=10+11+12				
	其中：小微企业免税销售额	10				
	未达起征点销售额	11				
	其他免税销售额	12				
	（五）出口免税销售额	13(13≥14)				
	其中：税控器具开具的普通发票销售额	14				
二、税款计算	核定销售额	15				
	本期应纳税额	16				
	核定应纳税额	17				
	本期应纳税额减征额	18				
	本期免税额	19				
	其中：小微企业免税额	20				
	未达起征点免税额	21				
	应纳税额合计	22=16−18 或 17−18				
	本期预缴税额	23			—	—
	本期应补（退）税额	24=22−23			—	—

纳税人或代理人声明：	如纳税人填报，由纳税人填写以下各栏：
本纳税申报表是根据国家税收法律法规及相关规定填报的，我确定它是真实的、可靠的、完整的。	办税人员：　　财务负责人： 法定代表人：　　联系电话：
	如委托代理人填报，由代理人填写以下各栏：
	代理人名称（公章）：　　经办人： 联系电话：

主管税务机关：　　接收人：　　接收日期：

4.4.2.2　消费税纳税申报表的填制

“适用税目”应按税法规定的税目填写。

“销售数量”应填写计量单位。

“销售额”应填写不含增值税的销售额。

“视同销售数量”和“视同销售金额”应填写用于非应税消费品（如自产自销、赞助集资、广告、样品等）生产的应税消费品的数量金额。

“本期准予扣除税额”应填写当期生产领用、外购或委托加工收回的应税消费品已纳的消费税税款。

“消费税纳税申报表”格式见表 4-8。

表 4-8　消费税纳税申报表

税款所属时间：自　　年　月　日至　　年　月　日　　　　填表日期：　　年　月　日

<table>
<tr><td colspan="2">纳税人识别号</td><td colspan="4"></td><td colspan="3">金额单位：元　角　分</td></tr>
<tr><td colspan="2">纳税人名称</td><td></td><td>法定代表人姓名</td><td colspan="2"></td><td>营业地址</td><td colspan="2"></td></tr>
<tr><td colspan="2">开户银行及账号</td><td></td><td>经济性质</td><td></td><td>经济类型</td><td></td><td>电话号码</td><td></td></tr>
<tr><td rowspan="8">本期消费税额</td><td>项目
应税消费品名称</td><td colspan="2" rowspan="2">适用税目</td><td colspan="2">应税销售额（数量）</td><td colspan="2">适用税率（单位税额）</td><td>消费税额</td></tr>
<tr><td></td><td colspan="2">1</td><td colspan="2">2</td><td>3=1×2</td></tr>
<tr><td></td><td colspan="2"></td><td colspan="2"></td><td colspan="2"></td><td></td></tr>
<tr><td></td><td colspan="2"></td><td colspan="2"></td><td colspan="2"></td><td></td></tr>
<tr><td></td><td colspan="2"></td><td colspan="2"></td><td colspan="2"></td><td></td></tr>
<tr><td></td><td colspan="2"></td><td colspan="2"></td><td colspan="2"></td><td></td></tr>
<tr><td>合计</td><td colspan="2">—</td><td colspan="2">—</td><td colspan="2">—</td><td></td></tr>
</table>

续表

	应税消费品名称＼项目		本月领用用于生产应税消费品的买价	受托方代扣消费税的计税价格	适用税率	代扣代缴凭证号	抵扣税额
本期抵扣税额			4	5	6	7	8=4(5)×6
	外购应税消费品			—		—	
				—		—	
				—		—	
		小计		—		—	
	委托加工收回的应税消费品		—				
			—				
			—				
		小计	—				
	合计				—	—	

	税额项目		本月数	累计数
税款计算	应税销售额（数量）	9=1	—	—
	消费税额合计	10=3		
	应抵扣税额合计	11		
	代扣代缴税款	12	—	—
	应纳消费税	13=10−11+12		
	已纳消费税	14		
	其中：1. 上期结算税金	15		—
	2. 补交本年度欠税	16		
	3. 补交以前年度欠税	17		
	应补（退、抵）消费税	18=13−4+15+16+17		—
	截至上年累计欠税额	19	—	
	本年度新增欠税额	20		

委托代理申报填写本栏		纳税人自行申报填写本栏		
代理人名称： 代理人地址： 代理人电话：	代理人 （签章）	会计主管 （签章）	经办人 （签章）	纳税人 （签章）

以下由税务机关填写

收到日期		接收人		审核日期		主管税务机关盖章：
审核记录						接收人签字：

4.5 税款的计算和缴纳

4.5.1 税款的计算

4.5.1.1 增值税

增值税是对货物和劳务的增值部分征收的一种税收，按征管方式的不同分为一般纳税人和小规模纳税人。

（一）一般纳税人和小规模纳税人的认定

一般纳税人和小规模纳税人的认定标准为企业经营规模和会计核算是否健全。

税法规定：从事货物生产或提供应税劳务的纳税人，以及以从事货物生产或提供应税劳务为主，并兼营货物批发或零售的纳税人，年应纳税销售额在 100 万元以上的；从事货物批发或零售的纳税人应纳税销售额在 180 万元以上的；符合上述条件的纳税人可认定为一般纳税人，不具备以上条件的则为小规模纳税人。另外，对于符合以上条件的个人、非企业性质单位以及不经常发生应税行为的企业，可视同小规模纳税人；对那些会计核算健全，能够准确核算销项税额、进项税额，准确提供劳务资料的，经主管税务机关批准，可视同一般纳税人。

（二）应纳税额计算

（1）一般纳税人增值税的计算：一般纳税人有取得和使用增值税专用发票的权利，其增值税税率为 13%、9%或 6%。

应纳税额=当期销项税额–当期进项税额

①当期销项税额计算：

当期销项税额=销售额×税率

如果销售额是含税收入，则应将含税收入价税分离。计算公式为：

不含税销售额=含税收入/（1+税率）

销项税额=不含税销售额×税率

②当期进项税额计算：进项税额是指纳税人购入货物或接受应税劳务时所支付的增值税额，可用来抵扣销项税额。税法规定：企业购入货物或接受劳务所支付的进项税额必须具备下列凭证才能抵扣。

a. 增值税专用发票。从销货方取得的增值税专用发票上列明的增值税额可以抵扣。

b. 完税凭证。进口货物缴纳的增值税，必须从海关取得完税凭证，凭证上注明的增值税额予以抵扣。

c. 购进免税农产品，或收购废旧物资不能取得增值税专用发票，依照经税务机关批准的收购凭证上注明的价款或收购金额的一定比率计算进项税额，并作为抵扣的依据。

下列项目的进项税额不得从销项税额中抵扣。

a. 购进固定资产。增值税一般纳税人自 2009 年 1 月 1 日起，购进（包括接受捐赠、实物投资）固定资产发生的进项税额，凭增值税专用发票、海关进口增值税专用缴款书和运输费用结算单据从销项税额中抵扣。纳税人允许抵扣的固定资产进项税额，是指纳税人 2009 年 1 月 1 日以后实际发生，并取得 2009 年 1 月 1 日以后开具的增值税扣税凭证上注明的或者依据增值税扣税凭证计算的增值税税额。房屋建筑物等不动产，不允许纳入增值税抵扣范围，小汽车、摩托车和游艇也不纳入增值税改革范围，即企业购入以上固定资产，不允许抵扣其所含的增值税。

b. 用于非应税项目的购进货物或应税劳务，如购买用于固定资产的改建扩建的物资。

c. 用于免税项目的购进货物或应税劳务。

d. 用于集体福利或者个人消费的购进货物或应税劳务。

e. 非正常损失的购进劳务。

f. 非正常损失的在产品、产成品所耗用的购进货物或购进劳务。

（2）小规模纳税人增值税的计算：小规模纳税人只能使用普通发票，购入货物所支付的增值税直接计入所购货物的成本，不得抵扣销项税额，小规模纳税人销售时所取得的收入为含税收入。

小规模纳税人应交增值税的计算：

应交增值税=不含税销售额×税率

不含税销售额=含税收入/（1+税率）

小规模纳税人按不含税销项额收入的3%征增值税。

（三）增值税账务处理

一般纳税业务账务处理特点：购进时实行价税分离，根据增值税发票上注明的价款计入购入货物成本，增值税计入进项税额；销售时的定价为不含税定价，如果定价时含税，应还原为不含税价格作为销售收入，向购买方收取的增值税为销项税额。

一般纳税人应交增值税=当期销项税-当期进项税

增值税账务处理程序如图4-8所示。

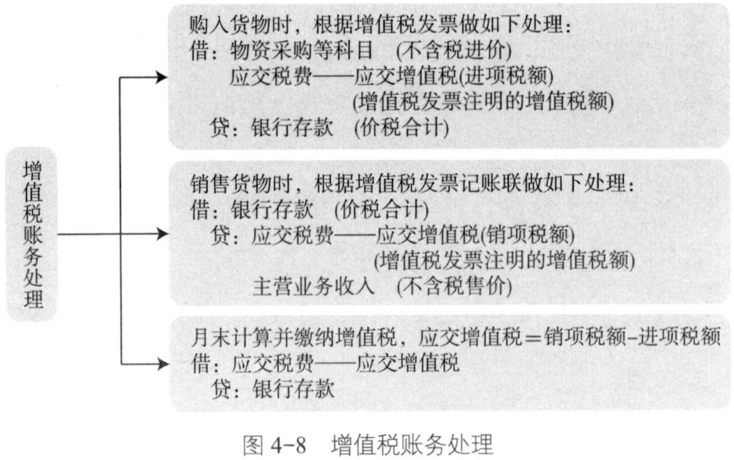

图4-8 增值税账务处理

[例 4-1]

某企业为一般纳税人，增值税率为 13%，2019 年 12 月初“应交税费——应交增值税”明细账，借方余额为 5250 元，12 月发生下列购销业务（材料按实际成本核算，不设“物资采购”账户）：

（1）购入材料，增值税发票上注明价款 10000 元，增值税 1300 元，材料验收入库，货款以支票支付。

（2）购入生产设备一台，增值税发票上注明价款 50000 元，增值税额 6500 元，设备已验收交付使用，价款以支票支付。

（3）购入生产所需燃料一批，增值税发票上注明价款 8000 元，增值税额 1040 元，款项以支票支付。

（4）销售产品一批，不含税售价为 70000 元，增值税 9100 元，货款收到存入银行。

（5）企业将自产产品一批捐赠给希望工程，该批产品账面实际成本 40000 元，税务机关核定的计税价格 52000 元。

根据以上业务编制会计分录如下：

（1）借：原材料　10000
　　应交税费——应交增值税（进项税额）　1300
　贷：银行存款　11300

（2）借：固定资产　50000
　　应交税费——应交增值税（进项税额）　6500
　贷：银行存款　56500

（3）借：原材料　8000
　　应交税费——应交增值税（进项税额）　1040
　贷：银行存款　9040

（4）借：银行存款　79100
　贷：主营业务收入　70000

应交税费——应交增值税（销项税额）　　9100

（5）借：营业外支出　　46760

贷：库存商品　　40000

应交税费——应交增值税（销项税额）6760（52000×13%）

本月应交增值税=（-5250-1300-6500-1040+9100+6760）=1770（元）

如果月末全部缴纳，编制会计分录如下：

借：应交税费——应交增值税（已交税金）　　1770

贷：银行存款　　1770

如果月末缴纳1500元，编制会计分录如下：

借：应交税费——应交增值税（已交税金）　　1500

贷：银行存款　　1500

将未交增值税从“应交增值税”账户转入“未交增值税”账户。

借：应交税费——应交增值税（转出未交增值税）　　270

贷：应交税费——未交增值税　　270

下月缴纳上月所欠增值税时：

借：应交税费——未交增值税　　270

贷：银行存款　　270

小规模纳税人账务处理特点：小规模纳税人购货时无论是否取得增值税专用发票，其支付的增值税全部计入所购货物成本，不得抵扣；小规模纳税人的销售收入按不含税收入计算，如果售价中含税，则应价税分离。

［例4-2］

某企业经核定为小规模纳税人，本月购入材料一批，增值税发票上注明的价款为100000元，支付增值税13000元，货款以支票支付，材料已验收入库，本月销售产品含税收入206000元，货款尚未收到，增值税税率为3%。根据以上业务编制会计分录如下：

购入材料时：

借：原材料　　11300

　贷：银行存款　　11300

销售商品时：

不含税售价 =206000/（1+3%）=200000（元）

应交增值税 =200000×3% =6000（元）

借：应收账款　　206000

　贷：主营业务收入　　200000

　　应交税费——应交增值税　　6000

4.5.1.2 消费税

消费税是国家为了引导消费方向，在普遍征收增值税的基础上对在我国境内生产、委托加工和进口应税消费品（如烟、酒、化妆品等）的单位和个人，就其销售额征收的一种税。

（一）消费税计算

消费税实行从价定率和从量定额的方法计征。

实行从价定率方法计算的应纳税额=销售额×税率

销售额指不含增值税的销售额，如果销售额中含有增值税，则应价税分离。

实行从量定额办法计算的应纳税额=销售数量×单位税额

（二）消费税账务处理

消费税账务处理程序如图 4-9 所示。

消费税的账务处理

- 销售应税消费品的应交消费税：
  借：税金及附加
  　贷：应交税费——应交消费税
- 企业以生产的应税消费品对外投资或用于在建工程非生产机构：
  借：长期股权投资
  　　在建工程
  　　固定资产
  　　营业外支出
  　贷：应交税费——应交消费税
- 企业以应税消费品换取生产资料、消费资料或抵偿债务时，视同销售进行会计处理
- 随同商品出售但单独计价的包装物，按规定应缴纳的消费税：
  借：其他业务支出
  　贷：应交税费——应交消费税
- 需缴纳消费税的委托加工应税消费品，由受托方代收代交的税款：
  借：应收账款
  　　银行存款
  　贷：应交税费——应交消费税
- 实际缴纳消费税时：
  借：应交税费——应交消费税
  　贷：银行存款

图 4-9　消费税的账务处理

［例 4-3］

某企业 12 月销售产品一批，售价 15000 元，增值税额 1950 元，该批产品成本为 10000 元，消费税率为 10%，货款收到存入银行。

编制会计分录如下：

（1）借：银行存款　　16950

　　贷：主营业务收入　　15000

　　　　应交税费——应交增值税（销项税额）　　1950

（2）借：主营业务成本　　10000

　　贷：库存商品　　10000

（3）借：税金及附加　　1500（15000×10%）

　　贷：应交税费——应交消费税　　1500

4.5.2 纳税期限

4.5.2.1 增值税

根据《增值税暂行条例》的规定，增值税的纳税期限分别为 1 日、3 日、5 日、10 日、15 日、1 个月或者 1 个季度。

纳税人的具体纳税期限，由主管税务机关根据纳税人应纳税额的大小分别核定；不能按照固定期限纳税的，可以按次纳税。以 1 个季度为纳税期限的规定仅适用于小规模纳税人。小规模纳税人的具体纳税期限，由主管税务机关根据其应纳税额的大小分别核定。

纳税人以 1 个月或者 1 个季度为一个纳税期的，自期满之日起 15 日内申报纳税；以 1 日、3 日、5 日、10 日或者 15 日为一个纳税期的，自期满之日起 5 日内预缴税款，于次月 1 日起 15 日内申报纳税并结清上月应纳税款。

纳税人进口货物，应当自海关填发进口增值税专用缴纳书之日起 15 日内缴纳税款。

纳税人出口适用税率为零的货物，可以按月向税务机关申报办理该项出口货物的退税。

4.5.2.2 消费税

按照《消费税暂行条例》的规定，消费税的纳税期限分别为 1 日、3 日、5 日、10 日、15 日、1 个月或者 1 个季度；纳税人的具体纳税期限，由主管税务机关根据纳税人应纳税额的大小分别核定；不能按照固定期限纳税的，可以按次纳税。

纳税人以 1 个月或 1 个季度为一期纳税的，自期满之日起 15 日内申报纳税；以 1 日、3 日、5 日、10 日或者 15 日为一期纳税的，自期满之日起 5 日内预缴税款，于次月 1 日起至 15 日内申报纳税并结清上月应纳税款。

纳税人进口应税消费品，应当自海关填发海关进口消费税专用缴款书之日起 15 日内缴纳税款。

4.5.3 税款缴纳方式

纳税人办理纳税申报时，应如实填写纳税申报表，详细列明税种、税目、应纳税项目、适用税率、计税依据、应纳税额等内容，持有关文件、资料到当地税务部门办理纳税申报手续，并缴纳税款。税款缴纳的方式有三种，如图 4-10 所示。

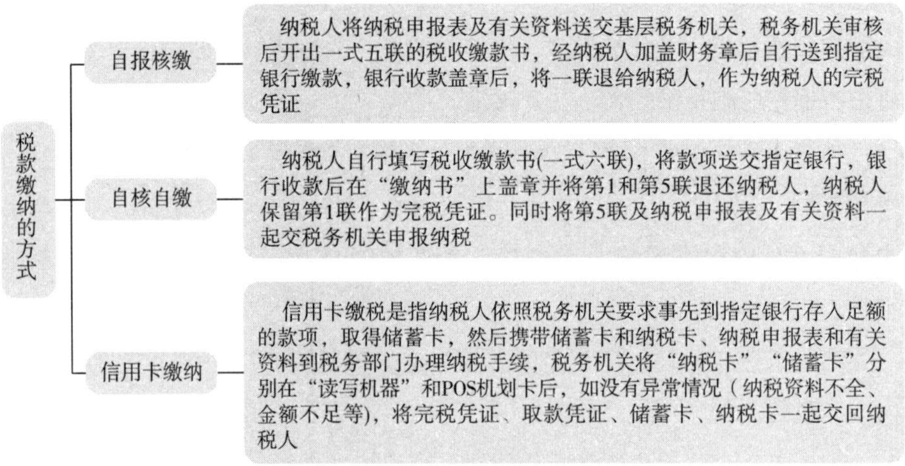

图 4-10　税款缴纳的方式

5 出纳的账证业务
——财务工作要“有凭有证”

● 内容概览

出纳是会计核算的第一关，出纳人员的责任可谓重大。出纳在财务工作中，记账的依据是会计凭证，出纳人员在核算企业发生的经济业务时须根据业务的发生情况取得有关凭证，按照原始凭证编制记账凭证，在记账凭证的基础上，登记账簿，编制出纳报告。如果对原始凭证、记账凭证毫无概念的话，出纳工作是无法开展的。本章将向你展示出纳所需要接触的账证业务，这可以让你在日后的出纳工作中游刃有余。

5.1 透析凭证——编制与审核会计凭证

5.1.1 原始凭证的概念、编制与审核

原始凭证又称单据，是在经济业务发生或完成时取得或填制的，用以记录或证明经济业务的发生或完成情况的文字凭据。它不仅能用来记录经济业务发生或完成情况，还可以明确经济责任，是进行会计核算工作的原始资料和重要依据，是会计资料中最具有法律效力的一种文件。实际工作中，原始凭证有从外单位取得的，也有本单位自制的。

5.1.1.1 原始凭证的种类

原始凭证有很多的分类方法，其分类见表 5-1。

表 5-1 原始凭证的分类

按照来源不同分类	外来原始凭证	在同外单位发生经济往来事项时，从外单位取得的凭证。如发票、飞机和火车的票据，银行收付款通知单，企业购买商品、材料时，从供货单位取得的发货票等
	自制原始凭证	在经济业务事项发生或完成时，由本单位内部经办部门或人员填制的凭证。如收料单、领料单、开工单、成本计算单、出库单等
按照填制手续及内容不同分类	一次凭证	一次凭证是指只反映一项经济业务或同时记录若干项同类性质经济业务的原始凭证，其填制手续是一次完成的。如各种外来原始凭证，企业有关部门领用材料的“领料单”、职工“借款单”
	累计凭证	累计凭证是指在一定时期内（一般以一月为限）连续发生的同类经济业务的自制原始凭证，其填制手续是随着经济业务事项的发生而分次进行的。如“限额领料单”

续表

按照填制手续及内容不同分类	汇总凭证	汇总原始凭证是指根据一定时期内反映相同经济业务的多张原始凭证，汇总编制而成的自制原始凭证，以集中反映某项经济业务总括发生情况。汇总原始凭证既可以简化会计核算工作，又便于进行经济业务的分析比较。如“工资汇总表”“现金收入汇总表”“发料凭证汇总表”等都是汇总原始凭证
按照格式不同分类	通用凭证	由有关部门统一印制、在一定范围内使用的具有统一格式和使用方法的原始凭证。如全国通用的增值税发票、银行转账结算凭证等
	专用凭证	由单位自行印制、仅在本单位内部使用的原始凭证。如收料单、领料单、工资费用分配单、折旧计算表等

5.1.1.2　原始凭证的内容

原始凭证是记录经济业务完成情况，明确有关单位与人员经济责任的证明单据。因此，必须客观真实地填制好原始凭证。虽然不同的原始凭证有其反映的不同经济业务内容、不同的格式，但都包含图 5-1 所示的几个方面。

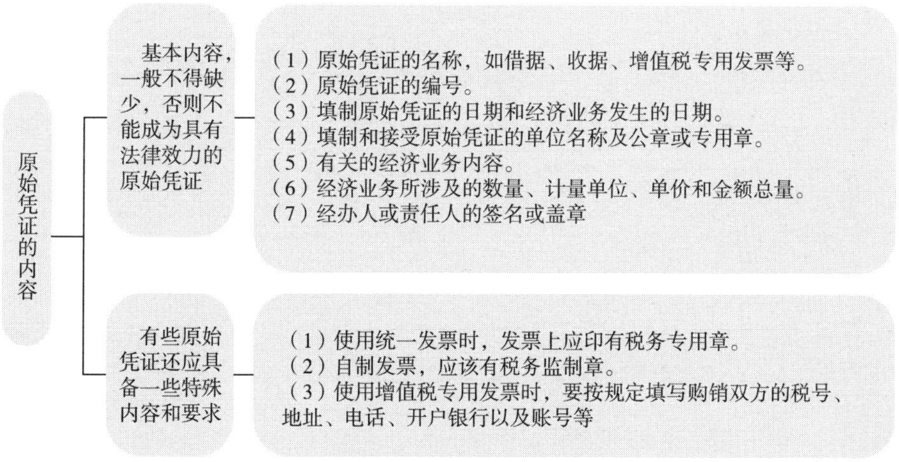

图 5-1　原始凭证的内容

5.1.1.3　填制原始凭证的要求

原始凭证是具有法律效力的证明文件，是进行会计核算的重要原始依据。原始凭证的填制必须符合下列基本要求（图 5-2）。

- 填制原始凭证的要求
  - 记录真实
    - 实事求是地填写经济业务，填制的日期、业务内容、数量、金额等必须与实际情况完全符合，确保内容真实可靠。符合国家有关政策、法令、法规、制度的要求
  - 填制内容要完整，不可遗漏
    - 按规定的格式和内容逐项填写齐全，且填写的手续必须完备，符合内部牵制原则。填有大写和小写金额的原始凭证，大、小写金额必须相同
  - 要明确经济责任
    - 原始凭证上要有经办人员或部门签章。外来原始凭证，从外单位取得的须盖有填制单位的财务公章，从个人取得的须有填制人员的签名或盖章；自制原始凭证须有经办人、负责人、审核人、签领人的签名或盖章；对外开出的原始凭证须加盖本单位的财务公章
  - 填制及时，按规定程序传递、审核
  - 书写规范，字迹工整
    - 原始凭证要用蓝色或黑色墨水书写，支票要用碳素墨水填写。一式几联的原始凭证必须用双面复写纸复写，要写清楚、写透。大小写金额数字要符合规定。而有关现金、银行存款收支业务的凭证，如果填写错误，不能在凭证上更正，应加盖“作废”戳记，重新填写，以免错收错付
  - 各种原始凭证要延续编号
    - 如果凭证已预先印定编号，如发票、支票、收据等，在需要作废时，应当加盖“作废”戳记，并连同存根和其他各联全部保存，不得随意撕毁
  - 相关证据要完备
    - 购买实物的原始凭证须有实物验收说明，支付款项的原始凭证须有收款单位和收款人的收款证明；已销售物品被退回，实物要验收入库或另作处理，退换货款时，要先填制退货发票，用现金退款时，要取得对方的收款收据，以银行存款退还的，以银行结算凭证记账联作为证明，不得以退货发票代替对方收据

图 5-2　填制原始凭证的要求

5.1.1.4　原始凭证的审核

对会计凭证的审核是会计监督的一个重要手段。原始凭证填制以后，为了保证其真实可靠，会计部门在据此填制记账凭证前，必须对其进行严格的审核。

原始凭证审核的内容见表 5-2。

表 5-2 原始凭证审核的内容

审核原始凭证的合法性和真实性	审核所发生的经济业务是否符合国家有关规定的要求，有否违反财经制度的现象；原始凭证中所列的经济业务事项是否真实，有无弄虚作假情况
审核原始凭证的合理性	审核所发生的经济业务是否符合厉行节约、反对浪费、有利于提高经济效益的原则，有否违反该原则的现象
审核原始凭证的完整性	审核原始凭证是否具备基本内容，有否应填未填或填写不清楚的现象
审核原始凭证的正确性	审核原始凭证在计算方面是否存在失误

原始凭证的审核如图 5-3 所示。

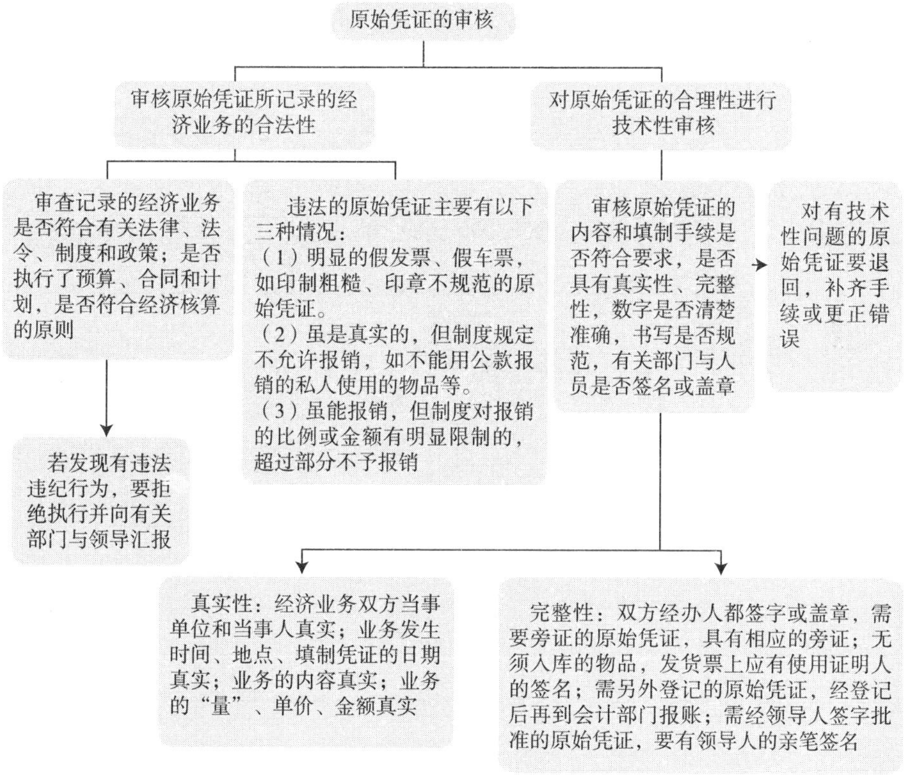

图 5-3 原始凭证的审核

5.1.2　记账凭证的概念、编制与审核

记账凭证是会计人员根据审核后的原始凭证进行归类、整理，并确定会计分录而编制的凭证，是直接凭以登记账簿的依据。在实际工作中，为了便于登记账簿，需要将来自不同的单位、种类繁多、数量庞大、格式大小不一的原始凭证加以归类、整理，填制具有统一格式的记账凭证，确定会计分录并将相关的原始凭证附在记账凭证后面。记账凭证记载的是会计信息，从原始凭证到记账凭证是经济信息转换成会计信息的过程，是一种质的飞跃。填制和复核记账凭证是出纳工作的重要组成部分。填制记账凭证，通常叫作制单，财会部门应指定专人制单。

记账凭证要根据原始凭证所反映的经济业务，按规定的会计科目和复式记账方法，编成会计分录，以确保账簿记录的准确性。记账凭证的样式见表 5-3。

表 5-3　记账凭证表样

记　账　凭　证

年　月　日　　　　　　　　　　　　　　编号

摘要	一级科目	二级或明细科目		借方							贷方						
				万	千	百	十	元	角	分	万	千	百	十	元	角	分
财会主管：　记账：　出纳：　复核：　制单：																	

5.1.2.1 记账凭证的种类

记账凭证根据不同的标准可以做不同的分类，详见表 5-4。

表 5-4 记账凭证的种类

依据	种类	内容	说明
反映的经济业务是否与货币资金有关	收款凭证	根据货币资金收入业务的原始凭证填制而成，用以反映货币资金收入业务。一般按现金和银行存款分别编制。 出纳人员应根据会计管理人员或指定人员审核批准的收款凭证，作为记录货币资金收入的依据。出纳人员根据收款凭证收款（尤其是收入现金）时，要在凭证上加盖“收讫”戳记，以避免差错	某些经济业务既是货币资金收入业务，又是货币资金支出业务，如现金和银行存款之间的划转业务。 为了避免记账重复，对于这类业务一般编制付款凭证，不编制收款凭证。即将现金存入银行时，编制现金付款凭证；从银行存款提取现金时，编制银行存款付款凭证
	付款凭证	根据货币资金支出业务的原始凭证填制而成，用以反映货币资金支出业务。 出纳人员应根据会计主管人员或指定人员审核批准的付款凭证，作为记录货币资金支出并付出货币资金的依据。出纳人员根据付款凭证付款时，要在凭证上加盖“付讫”戳记，以免重付	
	转账凭证	根据有关转账业务的原始凭证或记账编制凭证填制而成，用以反映与货币资金收付无关的转账业务	
填制的方式不同	复式记账凭证	把一项经济业务所涉及的会计科目，集中填列在一张凭证上的记账凭证，即一张凭证上登记两个或两个以上的会计科目，既有“借方”，又有“贷方”。如前面介绍的收款凭证、付款凭证、转账凭证和通用凭证都是复式记账凭证	可集中反映账户对应关系，了解经济业务全貌，减少凭证数量，节约纸张，但不便于汇总计算每一会计科目的发生额，不利于会计人员分工记账
	单式记账凭证	把一项经济业务所涉及的会计科目，分别按每个会计科目填制凭证的记账凭证，即把同类经济业务所涉及的会计科目分别记入两张或两张以上的记账凭证中，每张记账凭证只填列一个会计科目	通常适用于业务量较大、会计内部分工较细的会计主体，便于同时汇总计算每一会计科目的发生额，便于分工记账，但不便于反映经济业务的全貌及会计科目的对应关系

续表

依据	种类	内容	说明
是否经过汇总	汇总记账凭证	根据同类记账凭证定期加以汇总而重新编制的记账凭证，目的是为了简化登记总分类账的手续。汇总的记账凭证根据汇总方法的不同，可分为分类汇总和全部汇总两种	分类汇总凭证是根据一定期间的记账凭证按其种类分别汇总填制的。 全部汇总凭证是根据一定期间的记账凭证全部汇总填制的
	非汇总记账凭证	没有经过汇总的记账凭证，前面介绍的收款凭证、付款凭证和转账凭证以及通用记账凭证都是非汇总记账凭证	

5.1.2.2　记账凭证的基本内容

记账凭证是登记账簿的直接依据，它是在审核无误的原始凭证的基础上，系统归类整理编制而成的。记账凭证有很多种类，同一种类的记账凭证又有不同的格式，但所有的记账凭证都必须具备下列基本内容。

（1）记账凭证的名称，即记账凭证，或收款凭证、付款凭证、转账凭证，或现金收款凭证、现金付款凭证、银行存款收款凭证、银行存款付款凭证、转账凭证等。

（2）记账凭证的编号。

（3）填制凭证的日期，要写明具体的年月日。

（4）有关经济业务内容摘要。

（5）有关账户的名称（包括总账、明细分类账）、借贷方向和金额（会计分录）。

（6）有关原始凭证张数和其他有关资料份数。

（7）有关人员的签名或盖章，包括制单人员、记账人员、审核人员、会计主管人员等，收、付款记账凭证还必须由出纳人员签名或盖章。

5.1.2.3　填制记账凭证

填制记账凭证，就是要由会计人员将各项记账凭证要素按规定方法填写齐全，便于账簿登记。填制记账凭证是一项重要的会计工作，如果出现差错，不仅影响到账簿登记，而且会影响到经费收支、费用归集与分配、成本计算和编制会计报表等，因此，必须认真对待。

就记账凭证确定会计分录、便于保管和查阅会计资料来看，各种记账凭证除严格按原始凭证的填制要求填制外，还应注意图 5-4 所示的几点。

填制记账凭证的要求

- 科目运用准确——根据经济业务的性质，按照会计制度所规定的会计科目和每一会计科目所核算的内容，正确编制会计分录
- 业务记录明确——每张记账凭证只反映一项经济业务，不得将不同类型经济业务的原始凭证合并填制记账凭证（少数特殊业务除外），对同一笔经济业务不得填制对应关系不清的多借多贷的记账凭证
- 凭证顺序编号——根据业务发生顺序按不同种类连续编号，以便登记账簿和凭证与账簿的核对并方便查找。统一编号与分类编号，均应分月份按自然数字顺序连续编号。一张记账凭证编一个号，不得跳号、重号。具体编号方法见图5-5。

  若一笔经济业务需填制多张记账凭证，可按该项经济业务的记账凭证数量编列分数顺序号，如前面的整数为总顺序号，后面的分数为该项业务的分号，分母表示记账凭证总张数，分子表示顺序号。

  若记账之前发现记账凭证有错误，应重新编制正确凭证，并将错误凭证作废或撕毁。已登记入账的，当年内发现错误时，应用红字填写一张与原内容相同的记账凭证，摘要栏注明“注销 × 月 × 日 × 号凭证”，同时再用蓝字重新填制一张正确的记账凭证，注明“订正 × 月 × 日 × 号凭证”。若会计科目没有错，只是金额错误，也可将数字差额，另编一张调整记账凭证。调增金额用蓝字，调减金额用红字。发现以前年度的错误，应用蓝字填制一张更正的记账凭证
- 凭证摘要简明——将业务内容以简明文字填入“摘要”栏，便于日后查阅登记。填写摘要要真实准确、简明扼要，一笔经济业务涉及两个以上（不含两个）一级科目时，应根据经济业务和各个会计科目的特点分别填写
- 日期填制正确——日期一般填财会人员填制记账凭证的日期，也可根据需要填写业务发生日期或月末日期。如银行收款业务的记账凭证一般按财会部门收到银行进账单或回执的戳记日期填写，当收到的进账单日期与银行戳记日期相隔较远或次月初收到上月的银行收付款凭证的，按财会部门实际办理转账业务的日期填写。银行付款业务的记账凭证，一般以财会部门开出银行存款付出单据的日期或承付的日期填写。属于计提和分配费用等转账业务的，应以当月最后日期填写
- 附件数量完整——除结账与更正差错的记账凭证可不附原始凭证，其他记账凭证须附原始凭证，并在记账凭证上注明原始凭证张数（张数应用阿拉伯数字填写），便于复核会计分录和日后查阅原始凭证。记账凭证附原始凭证的计数原则及方法见图5-6
- 按规定程序办理签章手续——填制人员填制完毕后先行签章，并经稽核人员审核签章，之后交会计主管人员签章，最后由记账人员根据审核无误的记账凭证登记账簿，并在记账凭证上签章，表示该记账凭证以由其登记入账。对于收付款记账凭证，还必须由出纳人员签章

图 5-4 填制记账凭证的要求

记账凭证应根据业务发生顺序按照不同种类的记账凭证连续编号，以便于登记账簿和进行记账凭证与账簿记录的核对，防止会计凭证的丢失，并方便日后查找。记账凭证编号的方法详见图 5-5。

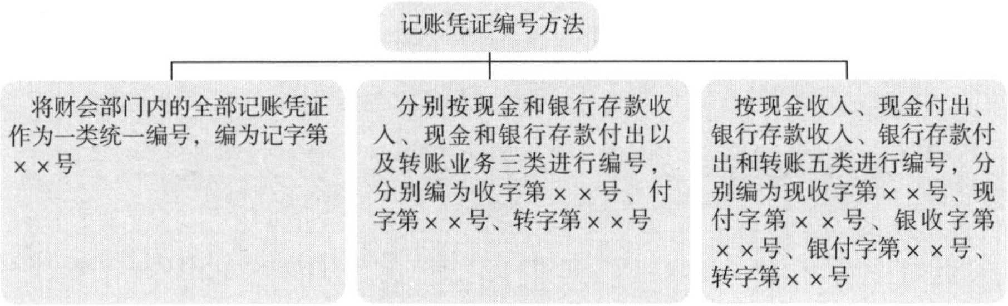

图 5-5　记账凭证编号方法

记账凭证所附原始凭证张数计算的原则见图 5-6 。

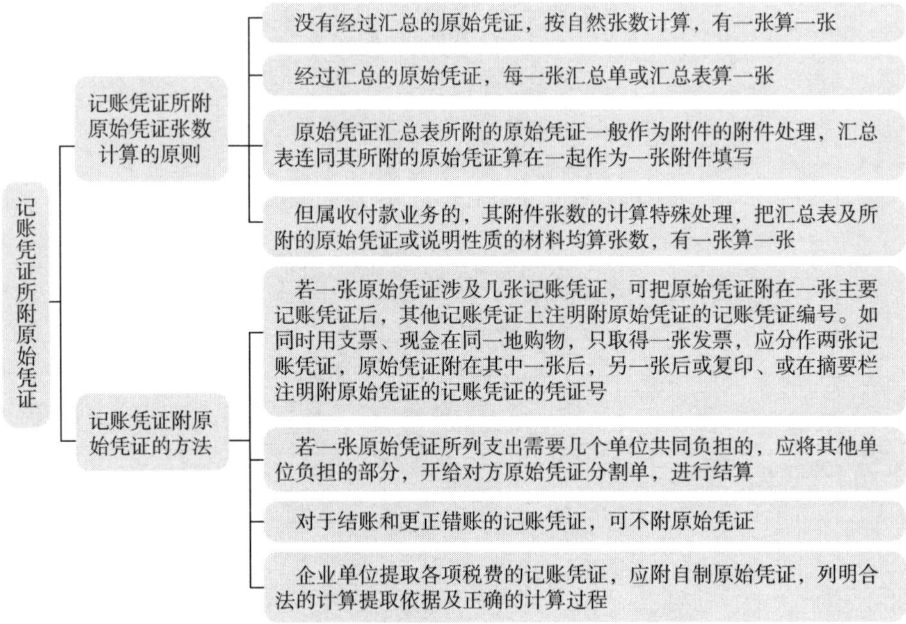

图 5-6　记账凭证附原始凭证的计数原则及方法

5.1.2.4　记账凭证的审核

记账凭证的审核，主要有合法性审核、完整性审核和技术性审核，具体体现在对以下几方面的审核（图 5-7）。

记账凭证的审核

- 所附原始凭证是否齐全，是否经过审核，原始凭证所记录的经济业务内容和数额与记账凭证是否一致
- 会计科目和核算内容是否正确，是否与财务会计制度的规定相符，会计分录和账户对应关系是否正确，应借、应贷的金额是否平衡
- 需要填制的内容是否有遗漏，有关人员是否签章等。审核发现了错误，要查清原因，按规定更正，如补办手续、补填内容或拒绝办理等

图 5-7　记账凭证的审核

5.1.3　会计凭证的装订和保管

会计凭证装订、保管的基本流程见图 5-8。

会计凭证的整理
↓
会计凭证的装订
↓
会计凭证的保管
↓
会计凭证的销毁

图 5-8　会计凭证装订、保管的基本流程

5.1.3.1　整理会计凭证

通常情况下，出纳人员根据收款凭证和付款凭证记账后，必须逐日、逐张对原始凭证进行加工整理，主要是指对原始凭证进行排序、粘贴和折叠（图 5-9）。

原始凭证的整理方法

- 纸张面积大于记账凭证的，按记账凭证的面积尺寸，先自右向后，再自下向后两次折叠，注意把凭证的左上角或左侧面让出来。如原始凭证的宽度超过记账凭证两倍或两倍以上，则应将原始凭证的左下方折成三角形
- 面积较大但又未超过记账凭证大小的及纸张面积略小于记账凭证的原始凭证，不易粘贴，应先用大头针或回形针将其别在一起，待装订时取掉
- 纸张面积过小的，一般不能直接装订，应先将小票按同金额归类，再粘在一张同记账凭证大小相同的厚纸上，要对齐厚纸上沿，从上至下移位重叠粘贴，注意小票不应落出厚纸下沿，粘贴时宜用胶水。证票应分张排列，同类、同金额的单据尽量粘在一起；同时，在一旁注明原始凭证的张数和合计金额。如果是板状票证，可以将票面票底轻轻撕开，厚纸板弃之不用
- 原始凭证的左端边缘空白少不够装订时，要贴纸加宽
- 原始凭证附在记账凭证后面的顺序应与记账凭证所记载的内容顺序一致，不应按原始凭证的面积大小来排序

图 5-9　原始凭证的整理方法

5.1.3.2 装订会计凭证

会计凭证的装订是指把定期整理完毕的会计凭证按照编号顺序，外加封面、封底，装订成册，并在装订线上加贴封签（图 5-10）。

装订会计凭证的基本要求

- 在封面上，应写明单位名称、年度、月份、记账凭证的种类、起讫日期、起讫号数，以及记账凭证和原始凭证的张数，并在封签处加盖会计主管的骑缝图章
- 如果采用单式记账凭证，应按凭证号码顺序还原装订成册，不得按科目归类装订
- 对各种重要的原始单据，以及各种需要随时查阅和退回的单据，应另编目录，单独登记保管，并在有关的记账凭证和原始凭证上相互注明日期和编号
- 要求既美观大方又便于翻阅，在装订时先设计好装订册数及每册的厚度。一般来说，一本凭证，厚度以1.5至2.0cm为宜。装订册数原则上以月份为单位。业务量小凭证不多的，可以把若干个月份的凭证合并订成一册，封面上注明本册所含的凭证月份
- 装订时要考虑到凭证的整齐均匀，特别是装订线的位置，如果太薄时可用纸折一些三角形纸条，均匀地垫在此处，以保证它的厚度与凭证中间的厚度一致

图 5-10 装订会计凭证的基本要求

在装订会计凭证时经常采用的方法是角订法，这种方法装订起来简单易行，样式简洁美观。其具体步骤如图 5-11 所示。

将记账凭证封面和封底裁开，分别附在凭证前面和后面，再拿一张质地相同的纸（可以再找一张凭证封皮，裁下一半用，另一半为订下一本凭证备用）放在封面上角，做护角线

↓

在凭证的左上角画一边长为5厘米的等腰三角形，用夹子夹住，用装订机在底线上分布均匀地打两个眼儿

↓

用大针引线绳穿过两个眼儿。如果没有针，可以将回形别针顺直，然后将两端折向同一个方向，将线绳从中间穿过并夹紧，即可把线引过来（一般装订机打出的眼儿是可以穿过的）

↓

在凭证的背面打线结。线绳最好在凭证中端系上

↓

将护角向左上侧折，并将一侧剪开至凭证的左上角，然后抹上胶水

↓

向后折叠，并将侧面和背面的线绳扣粘死

↓

待晾干后，在凭证本的脊背上面写上“某年某月第几册共几册”的字样。装订人在装订线封签处签名或者盖章。现金凭证、银行凭证和转账凭证最好依次顺序编号，一个月从头编一次序号，若单位的凭证少，可全年顺序编号

图 5-11 角订法的具体操作步骤

为了更加直观地了解学习会计凭证的角订法，下面以图解的形式（图 5-12）解释会计凭证的角订法。

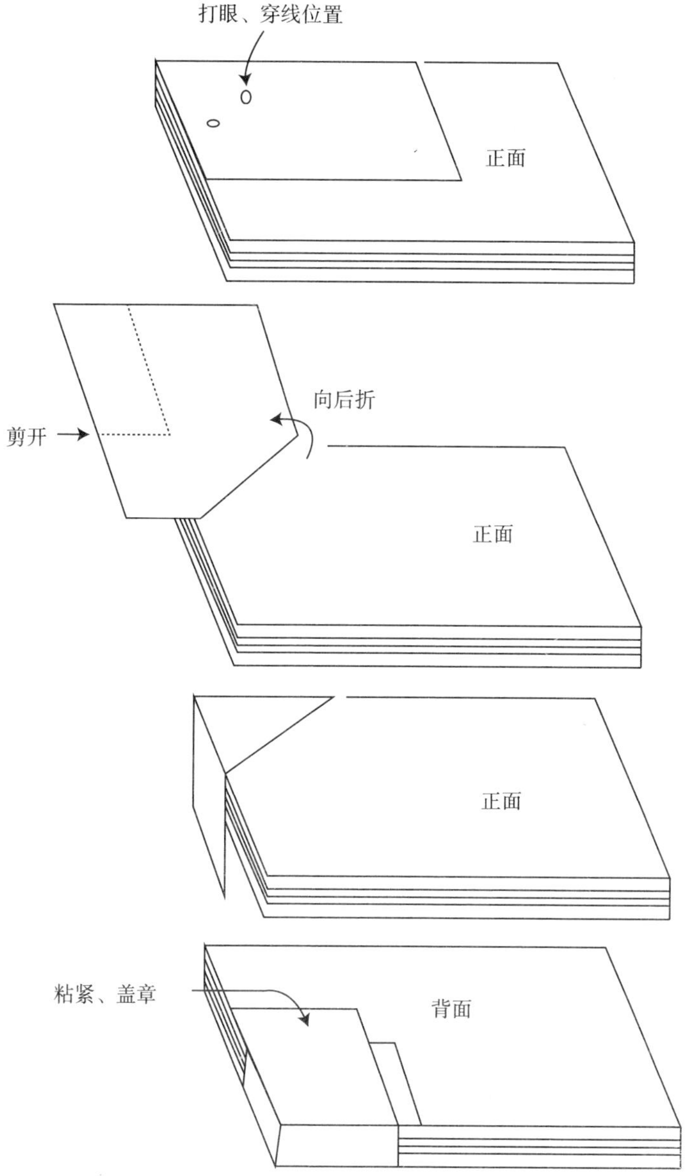

图 5-12　会计凭证的角订法

记账凭证的封面须认真填写，封面示例见表 5-5。

表 5-5　记账凭证的封面

记　账　凭　证

本月第　　册
本月共　　册

单位名称：			
时间	20　年　月　日起止　　年　月　日		
号数	自　　号至　　号	记账凭证　　张	附件　　张
附　记			
企业负责人：		会计主管：	

5.1.3.3　保管会计凭证

会计凭证的保管是指会计凭证记账后的整理、装订、归档和存查工作。作为记账的依据，会计凭证是重要的会计档案和经济资料。会计凭证保管过程中应注意以下几方面（图 5-13）。

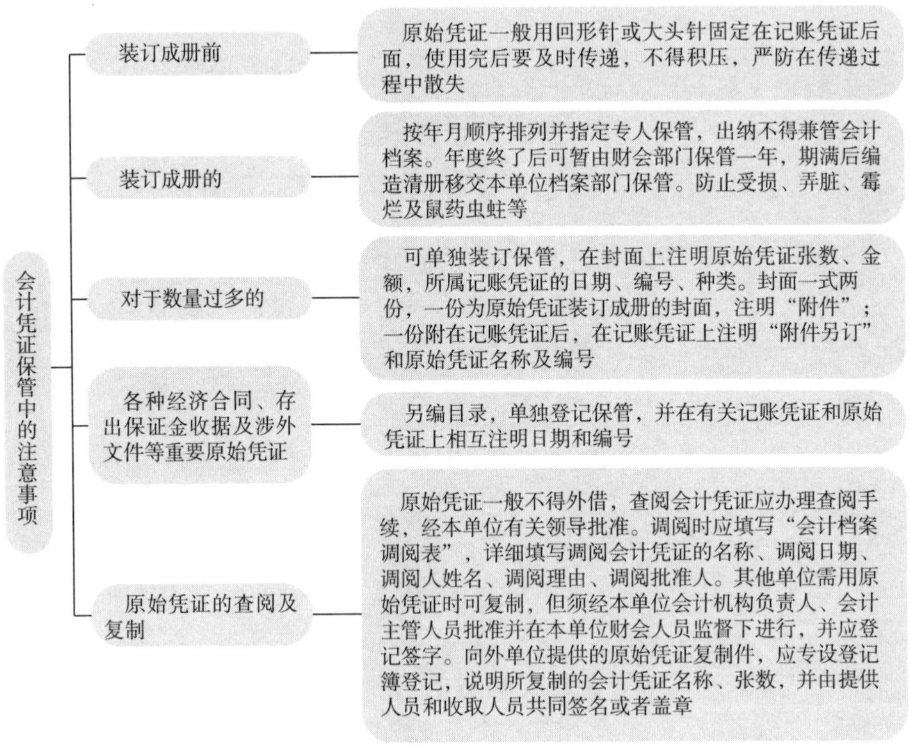

图 5-13　会计凭证保管中的注意事项

5.1.3.4 会计凭证的保管期限和销毁手续

会计凭证的保管期限和销毁手续必须严格根据《会计档案管理办法》的有关规定执行。具体如图 5-14 所示。

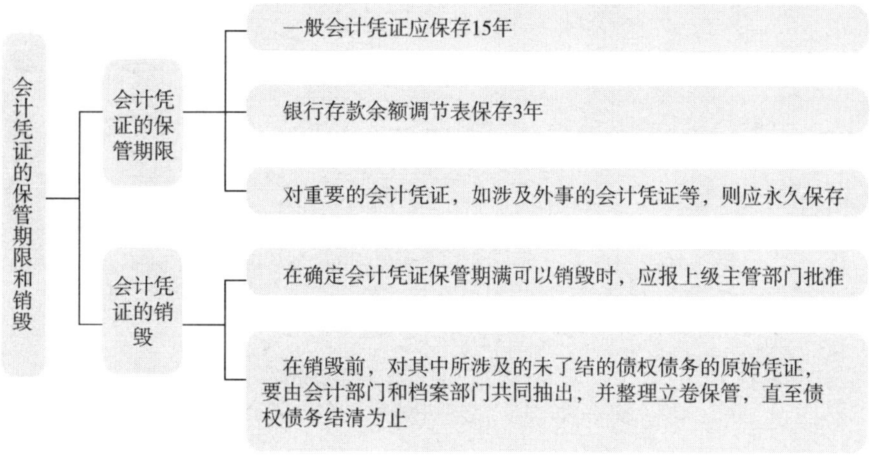

图 5-14 会计凭证的保管期限和销毁手续

5.2 账簿知识揭秘——认识会计账簿

5.2.1 会计账簿的概念、种类及其装订

所谓账簿，就是以会计凭证为依据，延续地、系统地、全面地、综合地记录和反映各项经济业务内容的簿籍，由相互联系的专门格式和账页所组成。设置和登记账簿是会计核算的一种专门方法，也是会计核算的主要环节。

5.2.1.1　会计账簿的分类

会计账簿可以从不同的角度划分为不同类别，详见图 5-15。

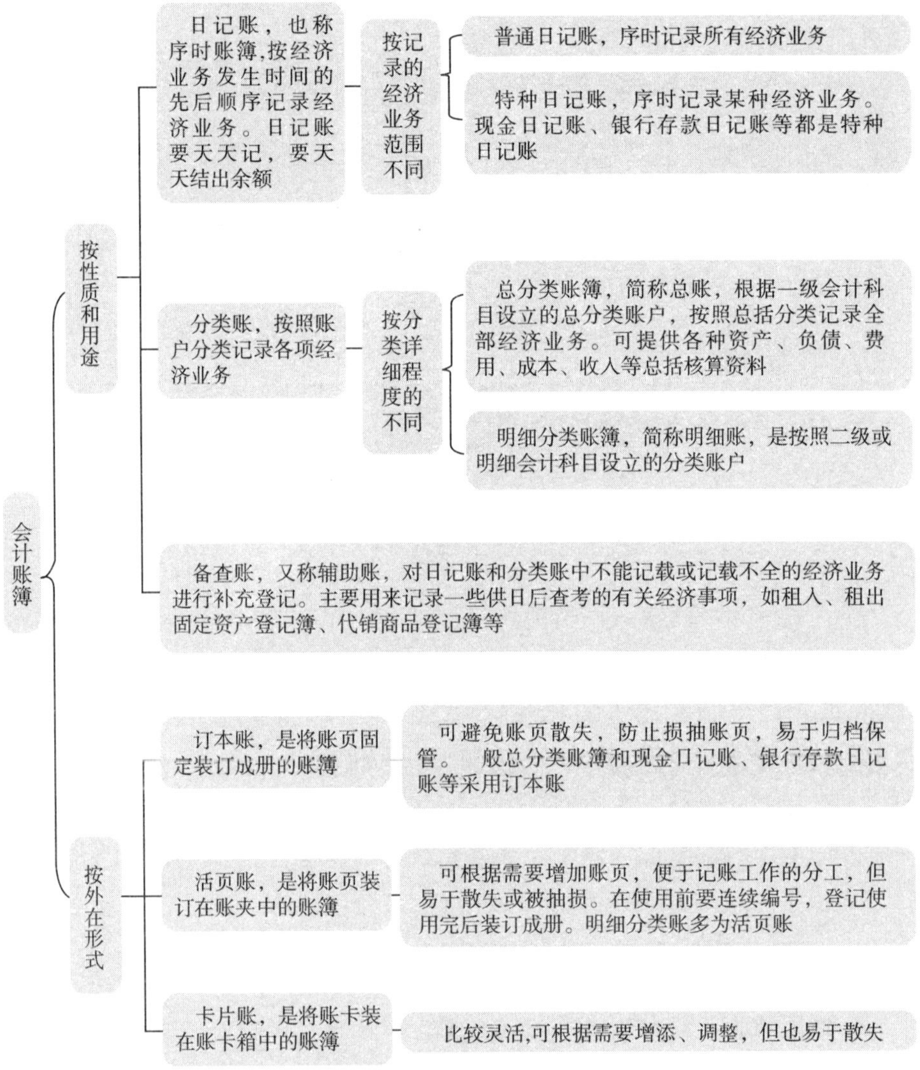

图 5-15　会计账簿的分类

5.2.1.2　会计账簿的装订

账簿在使用过程中，应妥善保管。会计账簿的装订有一定的要求，其注意事项和方法如图 5-16 所示。

- 装订会计账簿的注意事项及方法
  - 装订会计账簿的注意事项
    - 账簿的封面颜色，同一年度内力求统一，逐年更换颜色，便于区别年度
    - 账簿内部应编好目录，建立索引。注意贴上相应数额的印花税票
    - 账簿在过次年后，应将账簿装订整齐，活页账要编好科目目录、页码，用线绳系死，然后贴上封皮，在封皮上写明账簿的种类、单位、时间，在账簿的脊背上，也要写明账簿种类、时间
    - 会计业务量小的公司，账簿可不贴口取纸，否则应该贴口取纸。可按一级科目或材料大类，按账页顺序由前往后，自上而下地粘贴，当合起账簿时，全部口取纸应该整齐，均匀，并能够显露出科目名称，不要在账簿上下两侧贴口取纸，而应在右侧粘贴，这样可保证整齐，存档时可以截立放置，以便抽取
  - 装订会计账簿的方法
    - 活页账本时可以用线绳系起来
    - 活页摇夹使用方法（图5-17）。
      （1）用摇手插入账簿测面的孔中，向右旋转，开启摇夹。
      （2）旋去螺帽，取去簿盖。
      （3）将账簿活页装入，可随意装用，最多可装300页。
      （4）复上簿盖，旋上螺帽，再用摇手向左旋转，锁紧摇夹。活页摇夹的络链条长50毫米，账页在装入取出过程中，摇手旋转链条时要注意账页轧住链条节头，当账页被轧住时，摇手旋转不动，不要强旋，用手轻摇链条节头，不使账页轧住，然后开启或锁紧摇夹

图 5-16　装订会计账簿的注意事项及方法

活页账本时可以用线绳系起来。为了更直观地了解活页账的装订方法，下面以图解的形式（图 5-17）介绍活页摇夹的使用方法。

图 5-17　活页摇夹的装订方法

5.2.2 现金日记账

日记账又称“序时账”，主要包括现金日记账和银行日记账。现金出纳账簿主要指现金日记账。

现金日记账是用来逐日反映库存现金的收入、付出及结余情况的特种日记账。它是由单位出纳人员根据审核无误的现金收、付款凭证和从银行提现的银付凭证逐笔进行登记的。为了确保账簿的安全、完整，现金日记账必须采用订本式账簿。

5.2.2.1 现金日记账的内容

各单位各行业对现金出纳工作的要求不同，现金出纳账的内容略有不同，但一般应具备以下基本内容（图 5-18）。

现金日记账的基本内容

- 封面 — 在账簿封面上应标明账簿名称及单位名称及所属年份
- 启用登记表 — 每本出纳账的扉页都要填明启用日期、截止日期、页数、册数、经管人员一览表和签章，并加盖单位公章
- 账页 — 应包括记账日期（年、月、日）凭证种类及编号、经济业务摘要、收入金额、付出金额、结存金额、对应科目等

图 5-18 现金日记账的内容

5.2.2.2 如何设置现金日记账

任何一个单位，只要有现金收付业务发生，就必须设置现金日记账，其要求如图 5-19 所示。

设置现金日记账的要求

- 任何一个单位，只要有现金收付业务发生，就必须设置现金日记账，做到有钱就有账，以账管钱，收付有记录，清查有手续，保证现金的安全与合理使用
- 现金日记账的设置必须符合《会计人员工作规则》和国家统一的会计制度要求，力求以简明的格式，及时、准确、全面地反映现金收付及其结存情况
- 采用手工记账的单位，现金日记账必须采用订本式账簿
- 各单位应根据本单位业务量和出纳人员的情况设置日记账。现金和银行存款种类较多并由多名出纳人员分管的，或实行定额备用金制度和管理要求较高的，设置现金日记账的明细户数可多一些，格式也可细一些。现金日记账的账页格式，有“三栏式”和“收付分页式”两种

图 5-19 设置现金日记账的要求

5.2.2.3 如何启用现金日记账

现金日记账是各单位重要的经济档案之一，因此，为了保证账簿使用的合法性，明确责任，保证账簿资料的完整和便于查找，各单位在启用账簿时，应当遵循以下要求和做法（图 5-20）。

现金日记账的启用

各单位在启用账簿时，首先要按规定内容逐项填写“账簿启用表”和“账户目录表”

在账簿启用表中，应写明单位名称、账簿名称、账簿编号和启用日期；在经管人员一栏中写明经管人员姓名、职别、接管或移交日期，由会计主管人员签名盖章；在“公章”处加盖单位公章

在一本日记账中设置有两个以上现金账户的，应在“账户目录表”中注明各个账户的名称和页码，以方便登记和查核

图 5-20 现金日记账的启用

5.2.2.4 现金日记账的登记方法

现金日记账应该做到账款相符，即指将现金日记账日末账面余额与所保管的实际库存现金核对相符。每日终了时，应计算本日现金收入、支出合计数和结存数（实践条件许可的话还可以与库存的模拟现金实存数核对相符），做到账款相符，日清月结。具体的方法如图 5-21 所示。

现金日记账的登记方法

- 登记现金日记账的基本原则
  - 现金日记账要逐日逐笔登记，做到账款相符，日清月结，即将现金日记账每天的日末账面余额与所保管的实际库存现金核对相符。如发现账存与实存不相符，需立即查找原因。
  - 现金日记账的格式与银行存款日记账的格式相似
- 登记现金日记账的基本方法
  - 出纳员根据审核后的现金收、付款凭证逐日逐笔序时登记现金日记账。同时其他会计人员根据收、付款凭证，汇总登记总分类账。从银行提取现金的收入数，应根据银行存款付款凭证登记“借方（收入）”栏
- 登记现金日记账的具体方法
  - （1）将登账时的日期填入“日期”栏内。
  - （2）将登账所依据的反映银行存款增减业务的收、付款凭证、编号，填入“凭证号”栏内，以便日后核对、查询。
  - （3）按照收付款的摘要内容填入日记账的“摘要”栏内。
  - （4）根据收、付款凭证中的会计分录，将与银行存款科目相对应的科目名称填入“对方科目”栏。
  - （5）按不同业务的内容，将银行存款的增减金额填入“借”或“贷”栏内，并结出余额。
  - （6）日记账必须逐笔登记，不能合并。
  - （7）日记账每日要结出当日的发生额和余额，并划红线结账。
  - 现金日记账的登记方法与银行存款日记账的登记方法相同，其依据的收、付款凭证主要反映现金增、减变化的经济业务

图 5-21 现金日记账的登记方法

5.2.2.5 登记现金日记账的要求

登记现金日记账的总要求是：分工明确，专人负责，凭证齐全，内容完整，登记及时，账款相符，数字真实、准确，书写工整，摘要清楚，便于查阅，不重记、漏记、错记，按期结账，不拖延，按规定方法更正错账等。具体要求如图 5-22 所示。

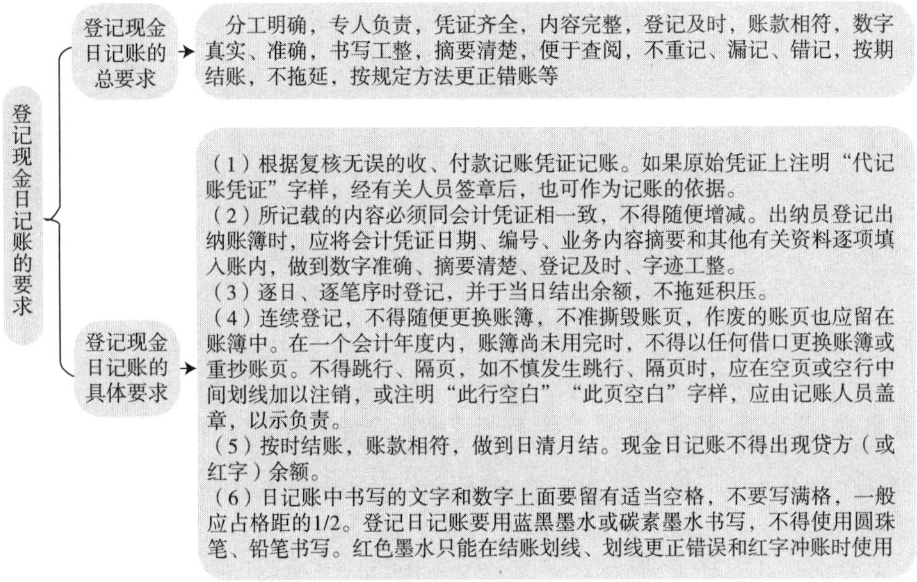

图 5-22 登记现金日记账的要求

5.2.3 银行存款日记账

银行存款日记账是专门用来记录银行存款收支业务的一种特种日记账，是逐日、逐项记录一个单位银行存款收、付及结存情况的账簿。登记银行存款日记账的具体要求见图 5-23。

登记银行存款日记账的具体要求

- 银行存款日记账必须采用订本式账簿
- 银行存款日记账的设置与现金日记账基本相同，不同之处是在摘要栏后要增设“结算凭证”和“对方科目”两栏，以便与银行对账单核对
- 其账页格式一般采用“收入”（借方）、“支出”（贷方）和“余额”三栏式，也采用多栏式的格式，即将收入栏和支出栏分别按照对方科目设置若干专栏，进行序时、分类登记，月末根据各对应科目的本月发生额一次过记总账有关账户，可清晰地反映银行存款收、付情况，简化总分类账的登记工作。采用多栏式格式的，若银行存款收、付的对应科目较多，可分设银行存款收入日记账和银行存款支出日记账
- 银行存款收入数额应根据有关的现金付款凭证登记。每日业务终了时，应计算、登记当日的银行存款收入合计数、银行存款支出合计数，登记账面结余额，以便检查监督各项收入和支出款项
- 银行存款日记账由出纳员根据银行存款收款凭证、银行存款付款凭证逐日逐笔顺序登记，登记银行存款日记账的要求基本同于现金日记账。应注意，“银行存款日记账”的余额应与银行存款总账的余额核对相符。企业应至少每月与银行对一次账，将银行存款日记账与银行对账单进行逐笔核对

图 5-23　登记银行存款日记账的要求

5.2.4　登录银行存款日记账

银行日记账的登录与现金日记账的登录基本一致，下面我们通过举例的方法，对银行日记账的登录方法进行讲述。

［例 5-1］

大华公司在 2019 年 12 月 6 日发生了以下几笔业务，分别如下：

（1）12 月 6 日销售甲产品 500 吨，增值税税率为 13%，货价和增值税合计为 565000 元，其中货价为 500000 元。

（2）12 月 6 日购买办公用品 10000 元，可抵扣增值税进项税额 1300 元。

以上业务的会计分录如下：

业务 1：

借：银行存款	565000	
贷：主营业务收入——甲产品		500000
应交税费——应交增值税（销项税额）		65000

业务2：

借：管理费用　10000

　应交税费——应交增值税（进项税额）　1300

　贷：银行存款　11300

银行存款日记账的登记见表5-6。

表5-6　记账凭证的编制

单位：元

2019年		凭证号码		对方科目	摘要	收入	付出	结余
月	日	字	号					
12	1				承前页			52300.00
12	6	银收	1	主营业务收入	销售甲产品500吨	500000.00		
				应交税费		65000.00		
12	6	银付	2	管理费用	购入办公用品		10000.00	
							1300.00	
					本日合计	565000.00	11300.00	606000.00

5.3　千万不可掉以轻心——账证、印鉴及有价证券的保管

票据和印鉴在出纳工作中具有重要的地位，对它们的妥善保管是出纳人员必须注意的一项工作。票据和印鉴的保管主要包括对空白票据、印章和印鉴、支票及有价证券的保管（图5-24）。

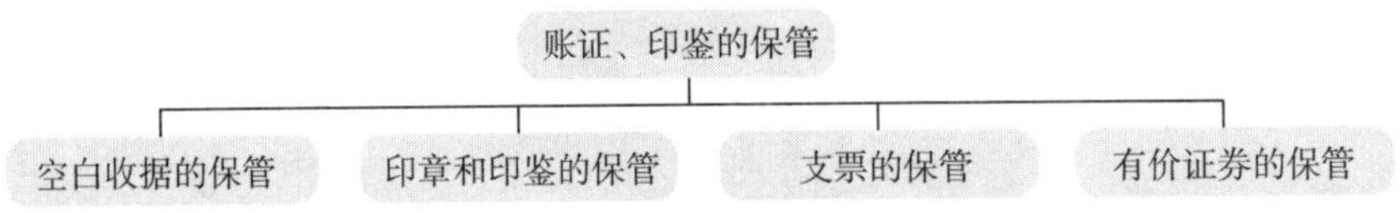

图5-24　账证、印鉴保管的主要内容

5.3.1 空白收据的保管

空白收据即未填制的收据。空白收据一经填制，并加盖印鉴后，就可成为办理转账结算和现金支付的书面证明，直接关系到单位资金的准确、安全和完整。

空白收据一般应由主管会计人员保管。要建立“空白收据登记簿”，填写领用日期、单位、起始号码，并由领用人签字，收据用完后，要及时归还、核销。使用单位不得将收据带出工作单位使用，不得转借、赠送或买卖，不得弄虚作假、开具实物与票面不相符的收据，更不能开具存根联与其他联不符的收据，作废的收据要加盖“作废”章，各联要连同存根一起保管，不要撕毁、丢失。

5.3.2 印章和印鉴的保管

出纳使用的印章必须妥善保管，严格按照规定的用途使用，不得将印章随意存放或带出工作单位。用于签发支票的各种预留银行印鉴章应由主管会计人员或其他指定人员保管，不能由出纳一人保管。各种印章的保管应与现金的管理相同，以防违法乱纪人员有机可乘，给国家和单位造成不必要的经济损失。

企业如果发生印鉴遗失或需要更换预留银行印鉴，应向开户银行提出申请，填写“印鉴变更申请书”，与证明情况的公函一并交银行审核，经银行同意后，在银行发给的新印鉴卡的背面加盖原预留银行印鉴，在正面加盖新更换的印鉴，与银行约定新印鉴的启用日期。

5.3.3 支票的保管

各单位为了结算，一般都从银行领购并保留一定数量的空白支票以备使用。支票是一种支付凭证，一旦填写了有关的内容，并加盖预留在银行的印鉴后，即可直接从银行提取现金，或与其他单位进行结算。因此，存有空白支票的单位，对空白支票必须严格管理，以免发生非法或盗用、遗失等情况，给国家和单位造成不必要的经济损失。对空白支票的保管主要应当注意以下几个方面。

（1）贯彻票、印分管原则，即空白支票和印章应分别指定专人负责保管，不得由同一人负责保管。

（2）单位撤销、合并、结清账户时，应将剩余的空白支票，填列一式两联清单，全部交回银行注销。清单一联由银行盖章后退交收款人，一联作为清户传票附件。

（3）对事先不能确定采购物资的单价、金额的，经单位领导批准，可将填明收款人名称和签发日期的支票交采购人员，明确用途和款项限额，使用支票人员回单位后必须及时向财务部门结算。

（4）设置“空白支票签发登记簿”，经单位领导批准，出纳人员签发空白支票后，应在“空白支票签发登记簿”上加以登记。

5.3.4 有价证券的保管

有价证券是指具有一定票面价格，能够给它的持有人定期带来收入的所有权或债权凭证。企业持有的有价证券是企业资产的重要组成部分，具有与现金相同的性质和价值。企业拥有的有价证券通常包括国库券、特种国债、国家重点建设债券、地方债券、金融债券、企业债券和股票等，从广义上说，有价证券还包括汇票、支票、提货单等。

由于有价证券能够变现，具有与现金相同的性质和价值，所以，企业持有的有价证券必须由出纳人员按照与货币资金相同的要求进行管理。具体来讲，其管理如图 5-25 所示。

有价证券的保管

- 必须由出纳人员放入保险箱保管，而不能由经办人自行保管
- 出纳人员对自己负责保管的各种有价证券，要专设登记簿进行详细的登记。登记簿应该按有价证券的种类分别开设账页，详细登记有价证券的名称、面额、批次、张数、开始保管日期、原定还本日期、兑现取款日期、转出或移交日期、备注等。登记簿不要和有价证券一起放入保险柜，而应该另行存放，实行“账、证分管”。登记簿登记的账面金额应该与总账会计的相关账户余额相等
- 业务人员提取有价证券外出办理相关事项时，应该办理类似于现金借据的正规手续交给出纳，作为支取有价证券的凭证；交回有价证券时，再由出纳在借据上加盖注销章后退还给出据人
- 出纳人员对自己保管的各种有价证券的面额和号码应该保密。办理有价证券的出纳不得由非专业人员充任，不得兼任其他机构有关财务会计职务，不得对外做财务方面的保证

图 5-25　有价证券的保管

6 现金出纳业务
——如何做好一名“金库”小管家

● 内容概览

我们每个人对于现金都非常熟悉，钱包里随时都躺着一些现金。作为整天与钱打交道的出纳人员，你对于企业现金的使用及管理熟悉吗？你知晓国务院《现金管理暂行条例》的相关内容吗？

曾听别人这样说：“好羡慕人家啊，你看那些做出纳的，手里握着一大叠现金，那种感觉应该超爽吧。”哈，这可能是因为他把出纳手中的现金看作了常规的钱，一种典型意义上的具有交换价值的东西。然而，作为出纳，现金可能仅仅就是其工作过程中的一种工具，一种必须小心谨慎认真对待的物品。

现金出纳可谓是出纳工作的重要部分，千万要谨慎，下面我们就来学习一下如何做好单位“金库”的小管家。

6.1 绕着现金转——现金出纳业务的办理

6.1.1 现金的概念

现金又称库存现金，是指存放在企业并由出纳人员保管的现钞，包括库存的人民币和各种外币。它可以随时用来购买所需物资、支付日常零星开支、偿还债务等，是流动性最强的一种货币性资产。

现金的分类见图 6-1。

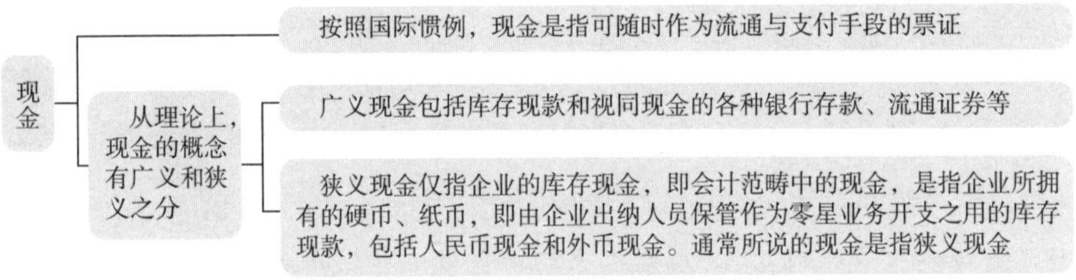

图 6-1　现金的分类

6.1.2 办理现金的提取业务

当各单位需要用现金发放工资，或者需要用现金支付，但库存现金小于库存现金定额而需要现金补足时，除了按规定可以用非业务性现金收入补充以及国家规定可以坐支的以外，均应按银行规定的现金使用范围从银行提取现金。整个现金提取过程可分为三个步骤，即签发现金支票、取款并清点、记账。

6.1.2.1 签发现金支票

现金支票是专门用于支取现金的一种支票，由存款人签发，委托开户银行向收款人支付一定数额的现金。开户单位应按现金的开支范围签发现金支票，现金支票的金额起点为 100 元，其付款方式是见票即付。

签发现金支票应认真填写支票的有关内容，如款项用途、取款金额、签发单位账号、收款人名称（开户单位签发现金支票支取现金，是以自己为收款人），加盖财务章和名章等。现金支票的具体填写要求如图 6-2 所示。

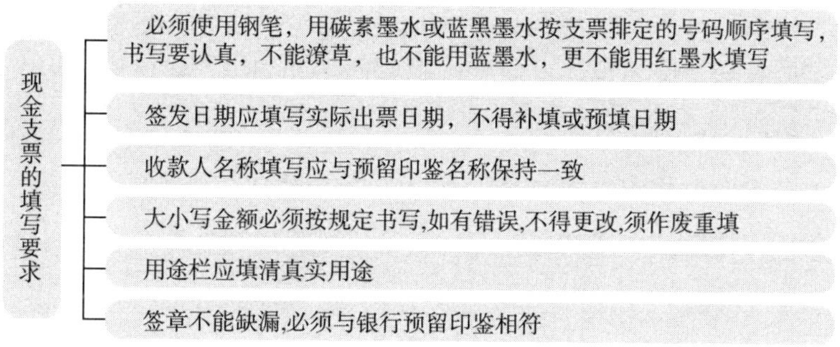

图 6-2　现金支票的填写要求

6.1.2.2　取款并清点

取款人持出纳人员签发的现金支票到银行取款时，一般要遵从以下几个步骤，见图 6-3。

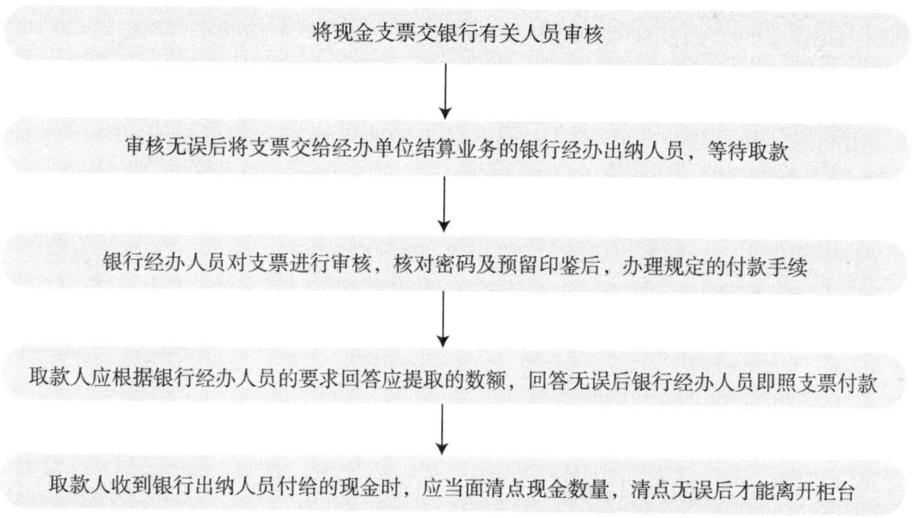

图 6-3　现金支票取款的步骤

一般来说，取款人在清点现金时，要注意以下几点。

（1）清点现金，特别是在单位清点最好由两人以上同时进行。

（2）清点现金应逐捆、逐把、逐张进行。清点时不能随意混淆或丢弃每一把的腰纸，只有把全捆所有把数清点无误后，才可以将每把的腰纸连同每捆封签一起扔掉。

（3）在清点时发现有残缺、损伤的票币，以及假钞应向银行要求调换。

（4）所有现金应清点无误后才能发放使用，切忌一边清点一边发放，否则一旦发生差错将无法查清。

（5）在清点过程中，特别是回单位清点过程中，如果发现确有差错，应将所取款项保持原状，通知银行经办人员，妥善进行处理。

6.1.2.3　记账

各单位用现金支票提取现金，应根据支票存根编制银行存款付款凭证，其贷方科目自然为银行存款，其借方科目则为现金，相应地其会计分录为：

借：库存现金　　×××

　贷：银行存款　　×××

6.1.3　办理现金的支付业务

6.1.3.1　明确现金支付的范围

按照《现金管理暂行条例》的规定，企业可以在下列范围内支付现金。

（1）职工工资、各种工资性津贴。

（2）支付给个人的各种奖金。

（3）各种劳保、福利费用以及国家规定的对个人的其他现金支出。

（4）个人劳务报酬。

（5）单位出差人员必须随身携带的差旅费。

（6）收购单位向个人收购农副产品和其他物资的价款。

（7）结算起点以下的零星支出。

（8）中国人民银行确定需要现金支付的其他支出，如因采购地点不确定、交通不便，抢险救灾以及其他特殊情况，办理转账结算不够方便，必须使用现金的支出。

（9）除上述第（5）、第（6）两项之外，各单位支付给个人的款项中每人每次不得超过本单位的限额，超过限额部分，可根据提款人的要求在指定的银行转为个人储蓄存款或以支票、银行本票支付。确需全额支付现金的，应经开户银行审查批准后予以支付。

（10）在银行开户的个体工商户、农村承包经营户异地采购的货款应通过银行以转账方式进行结算。如遇前述第（8）项特殊情况需使用现金，应由开户人向开户银行提出申请，开户行根据需要支付现金。

（11）机关、团体、部队、全民所有制和集体所有制企业、事业单位购置国家规定的专项控制商品，必须采取转账结算方式，不得使用现金结算。

6.1.3.2　现金支付的原则

出纳人员必须以严肃谨慎的态度处理现金支付业务，因为一旦发生失误，将会造成不可追补的经济损失。现金支付的原则见图 6-4。

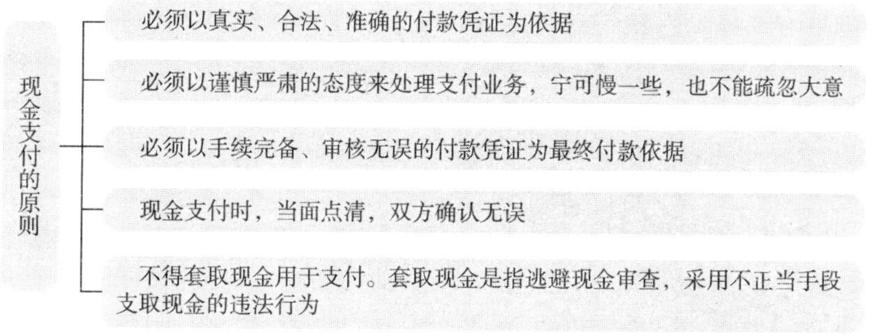

图 6-4　现金支付的原则

套取现金主要有以下几种表现。

（1）编造合理用途或以支取差旅费、备用金的名义支取现金。

（2）利用私人或其他单位的账户支取现金。

（3）用公款转存个人储蓄账户支取现金。

（4）用转账方式通过银行、邮局汇兑，异地支取现金。

（5）用转账凭证换取现金的。

（6）虚报冒领工资、奖金和津贴补助的。

6.1.3.3 现金支付的程序

支付现金有主动支付和被动支付两种情形。主动支付是指出纳部门主动将现金付给收款单位和个人，如发放工资、奖金、薪金、津贴以及福利等现金支出，其程序如图 6-5 所示。

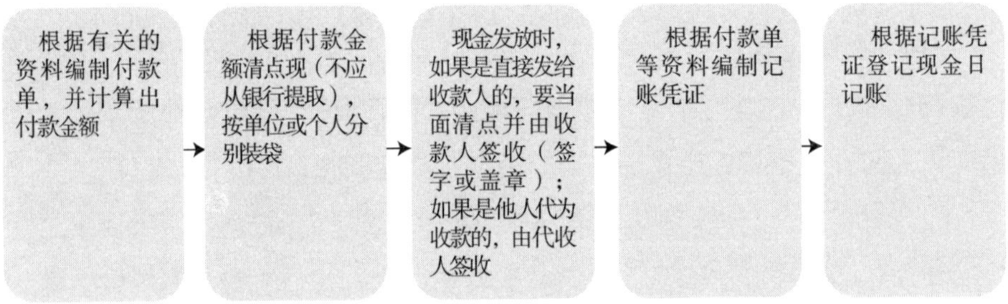

图 6-5 现金支付的程序

被动支付是指收款单位或个人持有关凭据到出纳部门领报现金，其程序如图 6-6 所示。

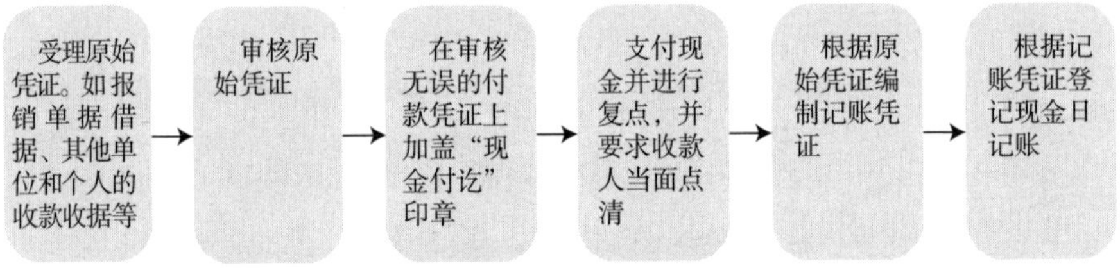

图 6-6 被动支付的程序

6.1.3.4 现金支付的方式

在出纳工作中，现金支付有直接支付现金和支付现金支票两种基本方式。

直接支付现金方式，是指出纳人员根据有关支出凭证直接支付现金，减少库存现金的数量。使用这种方式支付现金，出纳部门或人员要事先做好现金储备，在不超过库存现金限额的情况下，保障现金的支付。

支付现金支票方式，是指出纳人员根据审核无误的有关凭证，将填好的现金支票交给收款人，由收款人直接到开户银行提取现金的支付方式，主要适用于大宗的现金付款业务。

6.1.3.5　记账

各单位用现金进行支付后，应根据实际支付的金额编制现金付款凭证，其贷方科目自然为现金，其借方科目则为相应费用类科目或其他科目，相应地其会计分录为：

借：管理费用（费用类科目或其他科目）　　　　×××

　贷：现金　　　　×××

6.1.4　办理现金的送存业务

根据规定，各单位必须按开户银行核定的库存限额保管、使用现金，在日常现金收支业务中，除了根据规定可以坐支的现金和非业务性零星收入收取的现金，可以用于补足库存现金限额的不足外，其他业务活动取得的现金及超过库存现金限额的现金，都必须及时送存银行。当日送存银行确有困难的，由开户银行确定送存时间。送存现金的基本程序如下。

6.1.4.1　整点票币

各单位出纳员在将现金送存银行之前，为了便于银行柜台清查现金，提高工作效率，应对送存现金进行分类整理。送款前应将送存款清点整理，按币别、币种分开。纸币要平铺整齐，将同面额的纸币摆放在一起，按每一百张为一把整理好，用纸条在腰中捆扎好，不够整把的，从大额到小额顺放；将同额硬币放在一起，壹元、伍角、壹角硬币，按每伍拾枚用纸卷成一卷，分币按一百枚用纸卷成一卷，十卷为一捆。不足一卷的一般不送存银行，留作找零用。最后合计出需要存款的金额。

残缺破损的纸币和已经穿孔、裂口、破缺、压薄、变形以及正面的国徽、背面的数字模糊不清的硬币，应单独剔出，另行包装，整理方法与前同。

6.1.4.2　填写现金解款单

款项清点整齐核对无误后，由出纳人员根据整点好的存款金额填写现金解款单。各种币别的金额合计数应与存款金额一致。现金解款单为一式三联或一式二联，这里以中国工商银行上海市（分行）现金解款单（三联单）

为例：第一联为回单，此联由银行盖章后退回存款单位；第二联为收入凭证，此联由收款人开户银行做凭证；第三联为附联，做附件，是银行出纳留底联。

出纳人员在填写现金解款单时，必须注意以下几点。

（1）要用双面复写纸复写。

（2）交款日期必须填写交款的当日。

（3）收款人名称应填写全称。

（4）款项来源要如实填写。

（5）大小写金额的书写要标准。

（6）券别明细账的张数和金额必须与各券别的实际数一致，1元、5角、1角等既有纸币又有硬币的，应填写纸币、硬币合计的张数和金额。

6.1.4.3　送存交款

以上两个步骤完成后，应将现金连同“现金解款单”一并送交银行柜台收款员。票币要一次性交清，当面清点，如有差异，应当面复核。银行核对后在现金解款单上加盖“现金收讫”和银行印鉴后将第一联即回单联退回交款人，表示款项已收妥。收款人在拿到回单联后应及时检查，确认为本单位交款回单，在银行有关手续已经办妥后即可离开柜台。

出纳人员在送存现金时应注意以下事项。

（1）交款人最好是现金整理人，这样可以避免发生差错时难以明确责任。

（2）凡经整理好准备送存银行的现金，在填好“现金送款簿”后，一般不宜再调换票面，如确需调换的，应重新复点，同时重新填写“现金送款簿”。

（3）送存途中必须注意安全，当送存金额为较大的款项时，最好用专车，并派人护送。

（4）临柜交款时，交款人必须与银行柜台收款员当面交接清点，做到一次交清，不得边清点边交款。

（5）交款人交款时，如遇到柜台较为拥挤，应按次序等候。等候过程中，应做到钞票不离手，不能置于柜台之上，以防发生意外。

6.1.4.4 记账

在现金送存的不同阶段，应当根据具体情况进行记账，具体如图 6-7 所示。

现金记账

（1）由出纳人员送存银行的记账。

如果现金是由出纳人员汇总后送存银行的，则收到现金时财务部门应根据实际情况编制如下会计科目：

借：库存现金 ×××

　贷：销售收入（相关科目） ×××

（2）取回“现金送款簿”后的记账。

交款人将现金送存银行并取回“现金送款簿”（回单联）后，财务部门应根据“回单联”填制现金付款凭证，其贷方科目当然为“库存现金”，其借方科目则为“银行存款”，其会计分录为：

借：银行存款 ×××

　贷：库存现金 ×××

（3）由企业柜台直接送存银行的记账。

如果现金不是由出纳人员汇总后送存银行，而是由企业柜台直接送存银行，则财务部门应根据“现金送款簿”（回单联）直接编制银行存款收款凭证，其借方科目当然为“银行存款”，贷方科目则依具体情况而定，会计分录如下：

借：银行存款 ×××

　贷：销售收入（或相关科目） ×××

图 6-7 现金记账

6.1.5 做好备用金的管理

备用金（国际上也称暂定金额）是企业、机关、事业单位或其他经济组织等拨付给非独立核算的内部单位或工作人员备作差旅费、零星采购、零星开支等用的款项。备用金制度有利于单位内部各部门或工作人员积极灵活地开展业务，提高工作效率。当从银行取得备用金后，应加强对备用金的管理，备用金管理包括借支管理和保管管理，详见图 6-8。

备用金管理

备用金借支管理	备用金保管管理
（1）企业各部门填制“备用金借款单”，凭此单据支给现金。 （2）各部门零星备用金，一般不得超过规定数额，若遇特殊需要应由企业部门经理核准。 （3）各部门零星备用金借支应将取得的正式发票定期送到财务部门备用金管理人员（出纳人员）手中，冲转借支款或补充备用金	（1）备用金收支应设置“备用金”账户，并编制“收、支日报表”送经理。 （2）备用金定期根据取得的发票编制备用金支出一览表，及时反映备用金支出情况。 （3）备用金账户应做到逐月结清。 （4）出纳人员应妥善保管各种与备用金相关的各种票据

图 6-8 备用金管理

备用金的管理不论采用何种办法，都应严格备用金的预借、使用和报销的手续制度。

6.2 关注凭证的获取——现金出纳凭证与现金账簿

6.2.1 现金出纳凭证的概念

现金出纳凭证是记录现金收付业务活动，明确现金出纳工作中经济责任的书面证明，是登记现金账簿的重要依据。现金出纳凭证可分为原始凭证和记账凭证两种。现金出纳的原始凭证主要是出纳收入现金和支出现金的会计凭证。现金出纳的记账凭证主要是根据现金收付业务的原始凭证编制的现金收款记账凭证和现金付款记账凭证（图 6-9）。

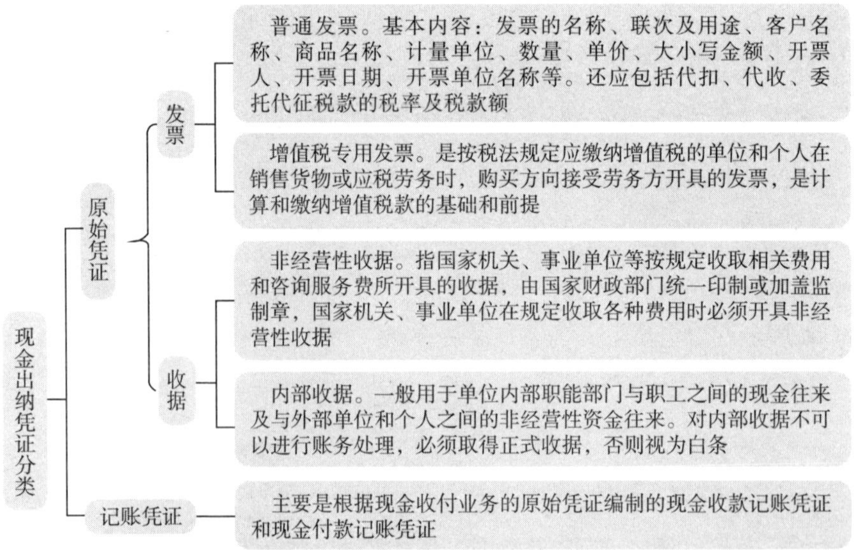

图 6-9 现金出纳凭证及其分类

6.2.2 现金出纳凭证的填制及审核

填制现金出纳凭证要求做到内容齐全，书写清晰，数据规范，会计科目准确，编号合理，签章手续完备等（图 6-10）。

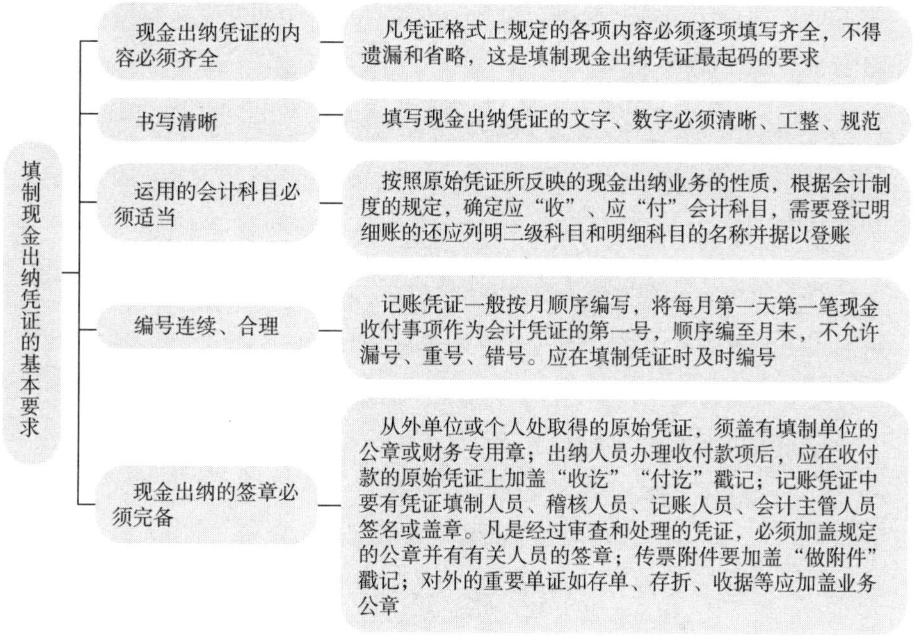

图 6-10　填制现金出纳凭证的基本要求

现金出纳凭证的审核如图 6-11 所示。

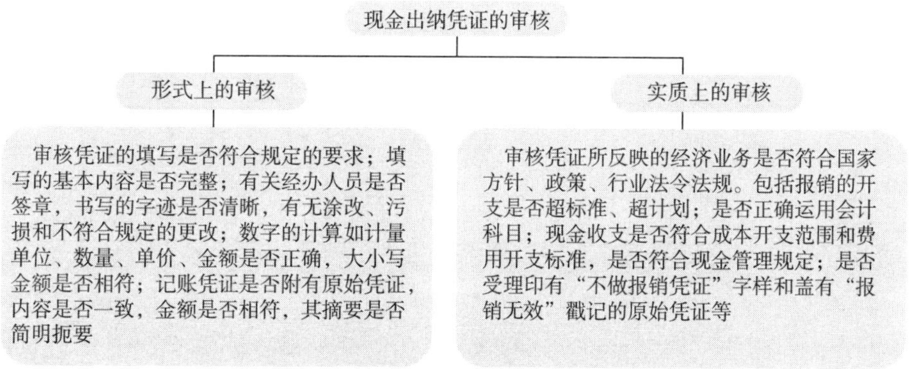

图 6-11　现金出纳凭证的审核

6.2.3 现金出纳账簿

现金出纳账簿，主要指现金日记账，是出纳用以记录和反映现金增减变动和结存情况的账簿。关于现金日记账的内容及登录的要求，我们已经进行了详细的讲述，这里我们通过一个案例讲述现金出纳业务中，会计凭证的编制和现金日记账的登录。

[例 6-1]

大华公司在 2018 年 1 月 15 日发生了如下的现金收支业务。

（1）向职工张某报销医药费 500 元。

（2）作为办公用品，购入打印机硒鼓 1 个 750 元。

（3）收到本公司的子公司新兴公司支付的 2017 年度的股利 16000 元。

编制以上业务的记账凭证，并登录现金日记账。

表 6-1 记账凭证的编制（1）

记 账 凭 证

2018 年 1 月 15 日　　　　编号 2018-1-008

摘要	一级科目	二级或明细科目	万	千	百	十	元	角	分	万	千	百	十	元	角	分
报销李某医药费	应付福利费	医药费			5	0	0	0	0							
	现金											5	0	0	0	0
					5	0	0	0	0			5	0	0	0	0

财会主管：李四　　记账：张三　　出纳：赵五　　复核：刘清　　制单：陈峰

表 6-2 记账凭证的编制（2）

记 账 凭 证

2018 年 1 月 15 日　　　　　　　　　　　　　　　　　编号 2018-1-009

摘要	一级科目	二级或明细科目														
			万	千	百	十	元	角	分	万	千	百	十	元	角	分
购入打印机硒鼓1个	管理费用	办公耗材			7	5	0	0	0							
	现金											7	5	0	0	0
					7	5	0	0	0			7	5	0	0	0

财会主管：李四　　记账：张三　　出纳：赵五　　复核：刘清　　制单：陈峰

表 6-3 记账凭证的编制（3）

记 账 凭 证

2018 年 1 月 15 日　　　　　　　　　　　　　　　　　编号 2018-1-010

摘要	一级科目	二级或明细科目														
			万	千	百	十	元	角	分	万	千	百	十	元	角	分
收到新公司2007 年股利	现金		1	6	0	0	0	0	0							
	应收股利	新兴公司								1	6	0	0	0	0	0
			1	6	0	0	0	0	0	1	6	0	0	0	0	0

财会主管：李四　　记账：张三　　出纳：赵五　　复核：刘清　　制单：陈峰

表 6-4　现金日记账

2018 年		凭证号码		对方科目	摘要	收入	付出	结余
月	日	字	号					
					承前页			1356
1	15	总字	008	应付福利费	报销药费		500	
1	15	总字	009	管理费用	购入办公用品		750	
1	15	总字	010	长期投资	取得现金股利	16000		
1	15				本日合计	16000	1250	16106

6.3　账要怎么记——现金出纳业务的会计核算

6.3.1　现金出纳核算的概念

现金出纳核算，又叫序时核算，是通过出纳人员设置的现金日记账进行的。按照经过审核的现金收款凭证和付款凭证的先后顺序逐日逐笔全部登记入账，并逐日结出金额与库存现金核对相符，以便于对现金收付业务开展日常的财务监督和事后的分析检查，并防止差错和挪用公款、贪污的现象发生，这是现金核算的重要内容（图 6-12）。

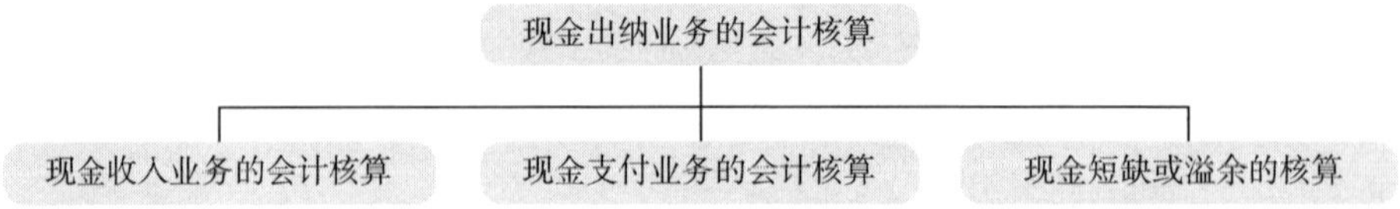

图 6-12　现金出纳核算的内容

6.3.2 现金收入业务的会计核算

现金收入核算，是各单位在其生产经营和非生产经营活动中取得现金的业务，包括销售商品、提供劳务而取得现金的业务，提供非经营性服务而取得收入的业务以及其他罚没收入等。出纳人员在进行现金收入业务时，一般都要涉及原始凭证的填制和审核、记账凭证的填制和审核，及现金收付及现金日记账的登记。

在收到现金时，所编制的记账凭证上借方科目为“库存现金”，而贷方科目则应根据收入现金业务的性质及会计制度规定来确定（图 6-13）。

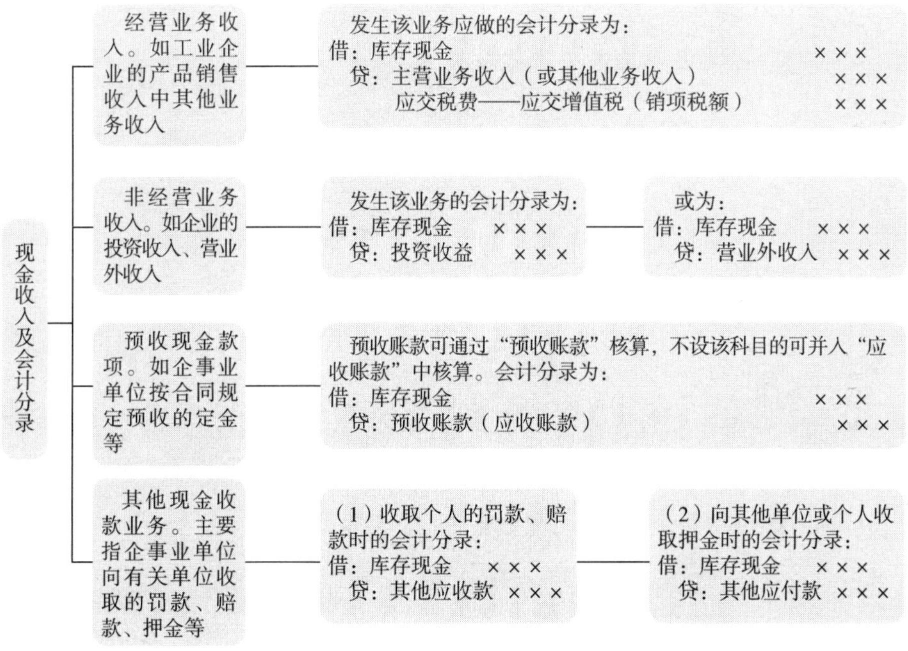

图 6-13 各单位的现金收入的分类及相应的会计分录

6.3.3 现金支付业务的会计核算

现金支付业务，是指各单位在其生产经营过程和非生产性经营过程中向外支付现金的业务。它包括向外购买货物、接受劳务而支付现金的业务、发放工资业务、费用报销业务，以及向有关部门支付备用金等。现金支出时，一定要有有效的支出凭证，并严格审查支出凭证的审批手续。现金支付业务涉及原始凭证、记账凭证的填制审核。具体现金支付业务如图 6-14 所示。

任何单位必须具有一定的库存现金才能开展支出业务，当库存现金小于需用现金时，除按国家规定可以“坐支”的范围外，均应按规定从银行提取现金。用现金支票提取现金，根据支票存根编制银行存款付款凭证。

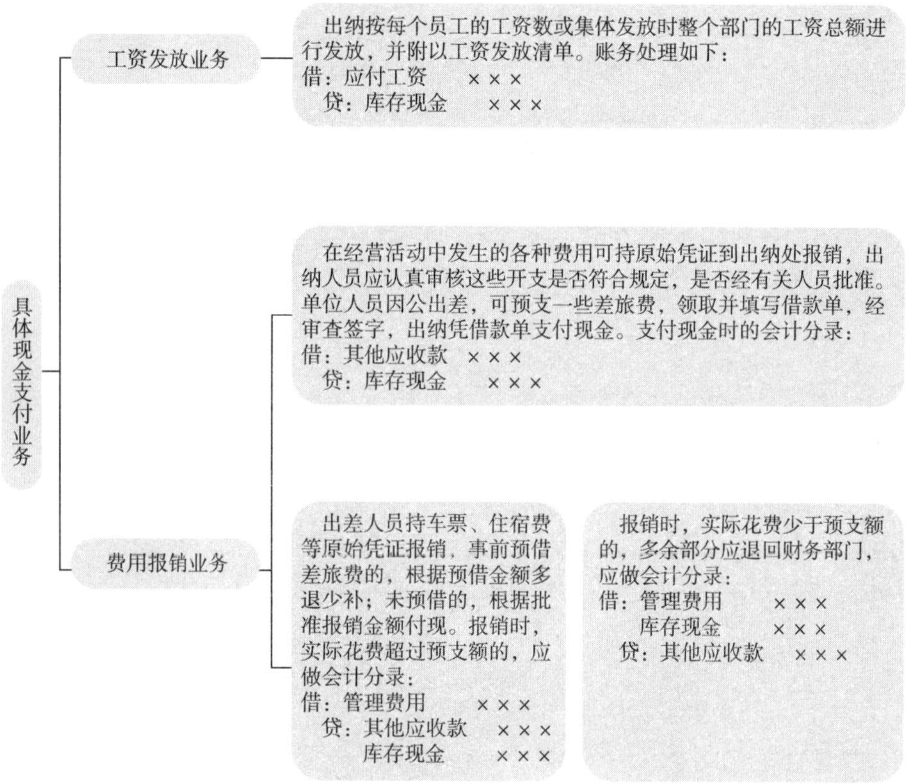

图 6-14　具体现金支付业务

6.3.4　现金短缺或溢余的会计核算

每日终了结算现金收支、财产清查等发现的有待查明原因的现金短缺或溢余，都必须进行账务处理（图 6-15）。

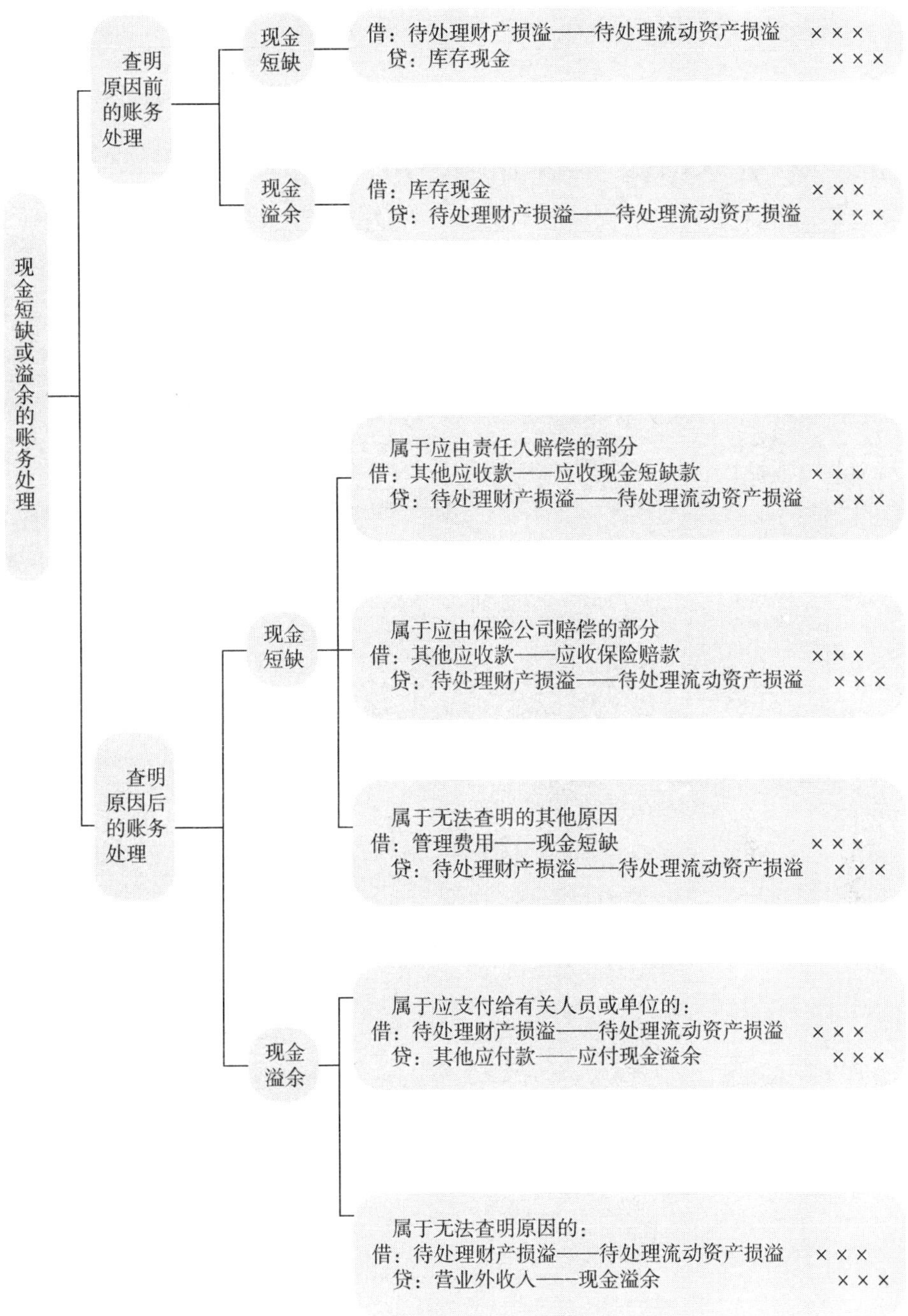

图 6-15 现金短缺或溢余的账务处理

6.4 管好手中钱——库存现金的管理

库存现金管理的原则见图 6-16。

库存现金管理的原则

- 收付合法原则
  - 各单位在收付现金时必须符合国家的有关方针、政策和规章制度的规定。具体来讲，要做到以下两点。
  - （1）现金的来源和使用必须合法。
  - （2）现金收付必须在合法的范围内进行
- 钱账分管原则
  - 管钱的不管账，管账的不管钱。任何非出纳人员均不得经管现金。
  - （1）经管现金的出纳人员不得兼管收入、支出、债权债务账簿的登记工作、稽核工作和会计档案的保管工作。
  - （2）经营收入、支出、债权债务登记工作的会计人员，不得兼管出纳账登记工作、现金的收付工作和现金的保管工作
- 收付两清原则
  - 出纳人员对收付的现金都要复核或由另一名会计人员复核，做到现金收付不出差错；收付款要当面点清，如有差错当面解决，保证收付两清
- 日清月结原则
  - 按日清理，按月结账。出纳对当日经济业务进行清理，全部登记日记账，结出库存现金账面余额，并与库存现金实有数额相符。现金日记账每月至少结一次账，业务多的可10天或半月定期结账，并与其他有关账面核对看账账是否相符。日清月结制度主要内容如下。
  - （1）检查凭证。首先应检查各种现金收款凭证，将其与所附各种原始凭证相核对，看是否与附件的金额、张数一致，达到单证相符。同时也应检查每种单证是否已加盖“收讫”“付讫”的戳记。
  - （2）登记日记账。将当日所发生的现金收、付业务根据收付款凭证过入日记账，并检查日记账的登记内容、金额与收付凭证的内容、金额是否一致，并结出现金日记账当日库存现金账面余额。
  - （3）盘点库存现金。出纳人员应按人民币的面额分别清点数量，加总后得出当日现金的实存金额。将实存数额与现金账面余额核对，看两者是否相符，有无长短款现象。若有，查明后及时纠正，若是由于收付款过程中的失误而造成的，应由责任人负责赔偿；难以查明原因的，可报单位批准作为收益或损失处理。
  - （4）比较库存现金与库存现金限额。检查实际库存现金是否超过库存现金限额。如超过限额，出纳人员应将超过部分及时送存银行；如低于限额，则应补足现金

图 6-16　现金管理的原则

6.4.1 现金管理的内容

现金管理主要是指各单位对现金收、付、存以及现金核算的管理（图 6-17）。

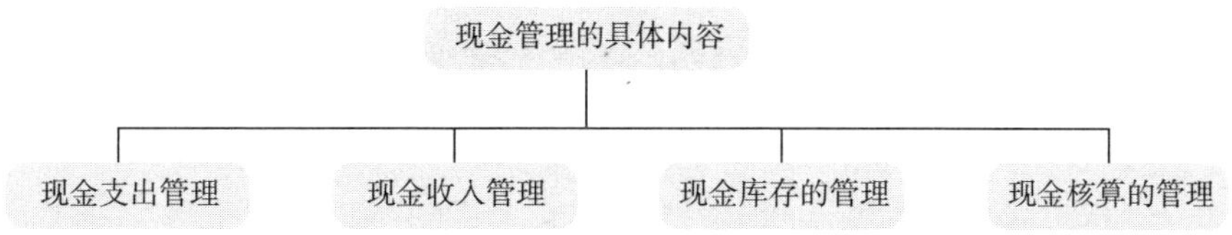

图 6-17 现金管理的具体内容

6.4.1.1 现金支出管理

现金支出管理，主要是对现金使用范围及其现金支出的程序和凭证的合法性管理。

（1）现金支出的内容（图 6-18）。

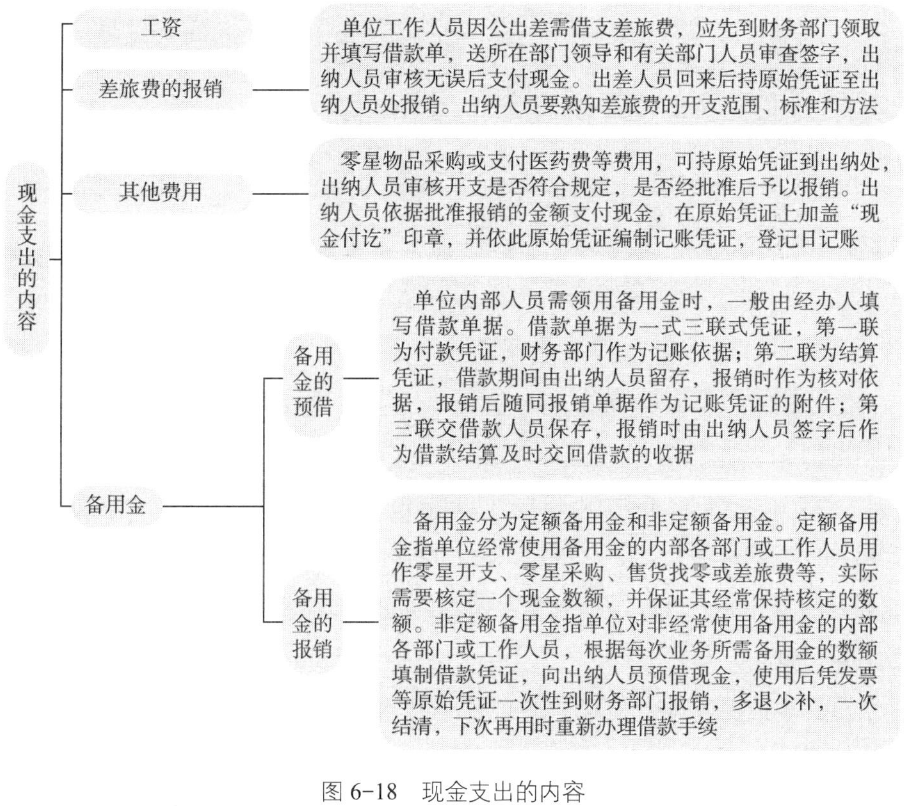

图 6-18 现金支出的内容

（2）现金支出的基本程序（图 6-19）。

填制原始凭证。出纳人员认真填制现金支出原始凭证，经有关人员签字盖章，对原始凭证进行认真审核，确认原始凭证真实、合法、准确

↓

编制记账凭证。出纳人员根据审核无误的原始凭证编制记账凭证

↓

根据审核无误的收、付款记账凭证登记现金日记账

图 6-19　现金支出的基本程序

（3）现金支付的原始凭证（图 6-20）。

现金支付的原始凭证

- 基本分类
  - 外来原始凭证是由于向外购货或接受劳务服务，而由供货方或提供劳务服务方填写原始凭证
  - 自制原始凭证，是由本单位在发生付款业务时由本单位统一制作或外购并填开的原始凭证
- 常见的付款原始凭证的具体种类
  - 工资表。各单位按月向职工支付工资的原始凭证。出纳人员按每个员工的工资数计算工资总额，通过银行办理，并附以工资发放清单
  - 报销单。各单位内部有关人员为单位购买零星物品，接受外单位或个人劳务费或服务而办理报销业务，以及单位职工报销医药费等使用的单据
  - 借款收据。一般适用于单位内部所属机构为购买零星办公用品，或职工因公出差等原因向出纳员借款时的凭证
  - 领款收据。是本单位职工向单位领取各种非工资性奖金、津贴、补贴、劳务费和其他各种现金款项及其他单位或个人向本单位领取各劳务费、服务费时填制的，作为付款凭证的凭证
  - 旅费借款、报销单。出差人员预先借差旅费可以使用差旅费借款结算单作为原始凭证

图 6-20　现金支付的原始凭证

（4）现金付款凭证的复核。出纳人员在复核现金付款凭证时应注意以下几点。

①对于涉及现金和银行存款之间的收付业务，只填制付款凭证，不填制收款凭证。如将当日营业款送存银行，制单人员根据现金解款单（回单）编制现金付款凭证，借方账户为银行存款，贷方账户为现金，不再编制银行存款收款凭证。

②发生销货退回时，如数量较少，且退款金额在转账起点以下，需用现金退款时，必须取得对方的收款收据，不得以退货发货票代替收据编制付款凭证。

③从外单位取得的原始凭证。如遗失，应取得原签发单位盖有有关印章的证明，并注明原始凭证的名称、金额、经济内容等，经单位负责人批准，方可代替原始凭证。

6.4.1.2　现金收入管理

单位现金收入的来源，主要包括零售产品销售收入、各种业务收入以及其他零星收入。现金收入管理就是要求各单位现金收入要合法，且现金收入都应送存银行，需要的现金支出一律从银行提取，不得任意“坐支”（图 6–21）。

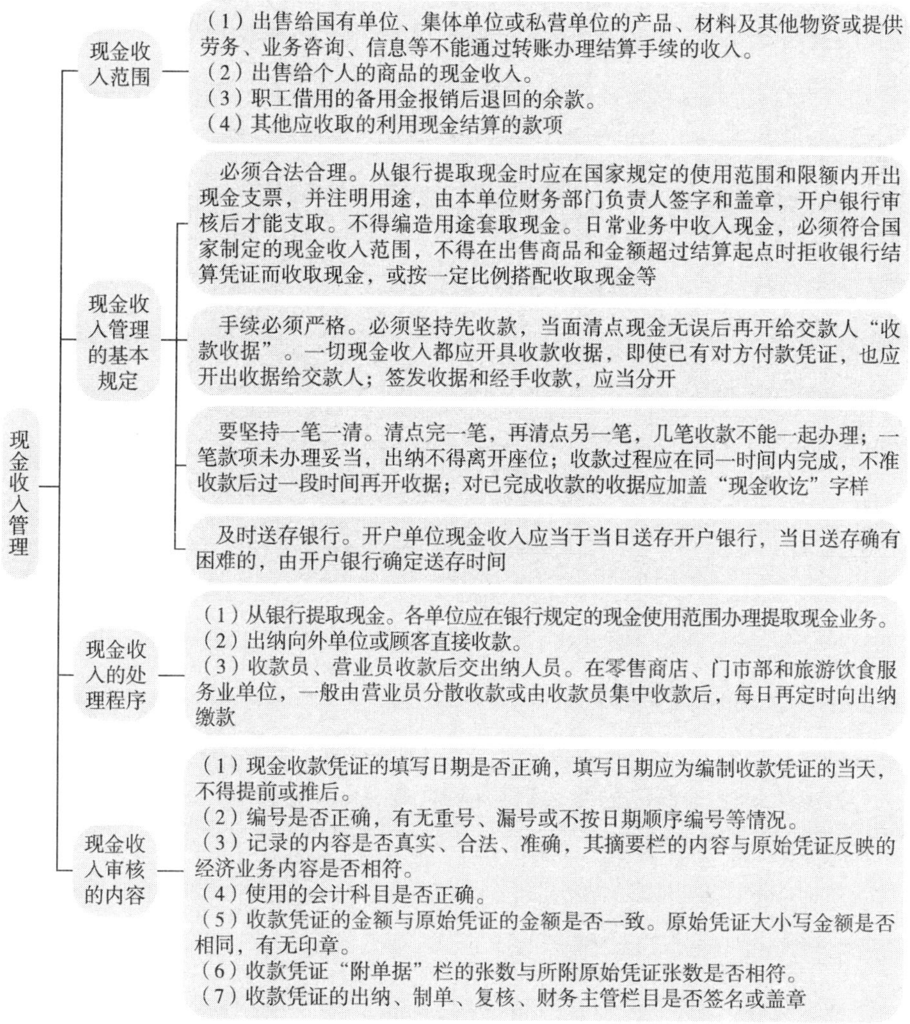

图 6–21　现金收入管理

6.4.1.3 现金库存的管理

现金库存的管理，主要是对库存现金及其限额的管理。它包括库存现金安全性的保证、库存现金限额不得突破等内容（图 6-22）。

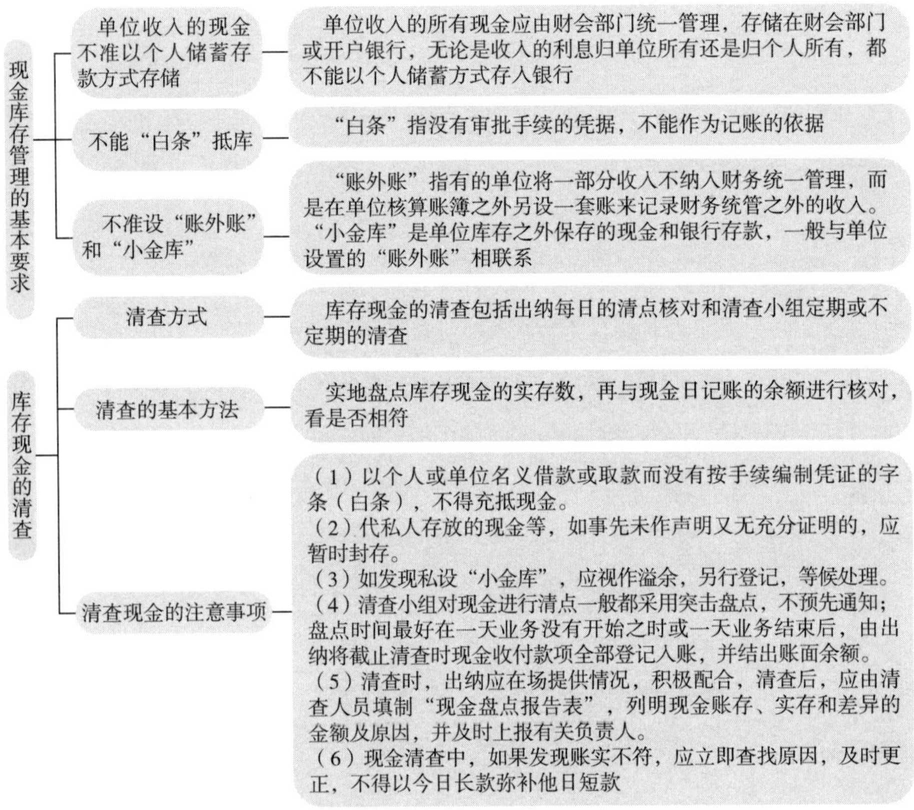

图 6-22　现金库存管理的基本要求

6.4.1.4 现金核算的管理

现金核算的管理，主要是指在现金的收、付、存业务活动中，要严格按照会计准则和会计制度的要求进行核算，全面、系统、连续地计量、记录，反映现金的收、付、存业务活动。

6.4.2 现金管理的内部控制

建立健全一套完善的现金内部控制制度，应当包括授权审批制度、职务分离制度、文件记录制度、内部审计制度等内容，以保证企业现金的安全完整，防止不法分子贪污、挪用、偷盗（表 6–5）。

表 6–5　现金内部控制制度

授权审批制度	明确现金开支界限	（1）应当在现金管理规定的范围内支付现金，办理现金结算。 （2）应当保证现金支出的安全性，如职工个人借款的金额不得超过其应付工资的金额，个人医药费用的报销不得超过规定的标准等
	明确现金报销手续	企业应按其经济业务的内容和管理要求设计各种报销凭证，如工资表、差旅费报销单、借款单等，并应告知有关人员相应的填制方法。同时，企业还应规定各种报销的程序和传递手续，确定各种现金支出业务的报销要求
	现金支出的审批权限	企业应根据其经营规模和内部职责分工情况，确定不同额度和不同的现金支出审批权限。对于没有经过审核批准或有关人员超越规定审批权限的，不予受理
职务分离制度	现金内部控制系统中不相容的职务分工负责，主要是建立钱账分管制度，具体规定如下。 （1）企业应配备专职或兼职的出纳人员办理现金收付和保管工作，非出纳人员不得经管。 （2）现金收支的授权审批和执行现金收支的职务应当分离。 （3）执行现金业务和记录现金业务的职务要分工。 （4）现金保管与稽核职务要分工。 （5）登记现金日记账和登记现金总账的职务要分工。 （6）出纳人员不得兼管收入、费用、债权、债务等账目的登记工作。 （7）出纳人员不得兼管会计档案的保管工作	
文件记录控制	（1）出纳人员办理现金收付的原始单据必须真实、完整、合法。 （2）出纳人员登记日记账的记账凭证必须审核无误。 （3）文件记录的保管应当有专人负责。 （4）任何人不得擅自更改、涂抹、销毁有效的文件记录	
内部稽核制度	（1）出纳人员办理现金出纳业务时，必须做到按日清理，按月结账，保证账实相符。 （2）会计人员应当定期进行账证、账账核对，保证现金总账与现金日记账一致。 （3）稽核人员应当定期或不定期地进行现金清查，及时发现可能发生的现金差错或丢失情况，防止贪污、盗窃、挪用等不法行为的发生，确保企业资金安全完整	

7 银行账户管理

——如何放心地在银行“安一个家”

● 内容概览

在讲出纳工作特点的时候我们提到出纳时常和银行打交道，因为出纳在现金、银行存款、票据的收付管理以及各种支付结算业务方面都不可避免地接触到银行。银行就像是一个资金往来的中间站。俗话说：“知己知彼，百战不殆。”经常出入银行的出纳员能不对银行的基本情况及相关规章了如指掌吗？

刚走上或即将走上出纳工作岗位的你，非常有必要花些时间来了解一些程序及规则，先用知识把自己武装好，在工作时才能得心应手，事半功倍。

7.1 从制度谈起——银行存款管理的基本制度

7.1.1 银行存款的概念

银行存款，就是指企事业单位存放在银行或其他金融机构中的货币资金，它是现代社会经济交往中的一种主要资金结算工具。根据国家有关规定，凡是独立核算的企业，都必须在当地银行开设账户。企业在银行开设账户后，除按银行规定的企业库存现金限额保留一定的库存现金外，超过限额的现金都必须存入银行。企事业经济活动所发生的一切货币收支业务，除按国家《现金管理暂行条例》中规定可以使用现金直接支付的款项外，其他都必须按银行支付结算管理办法的规定，通过银行账户进行转账结算。

7.1.2 银行存款管理的内容

银行存款管理，就是指国家、银行、企业、事业、机关团体等有关各方对银行存款及相关内容进行的监督和管理。根据其管理对象不同，银行存款管理可分为银行存款账户的管理、银行存款结算的管理、银行存款核算的管理，详见图 7-1。

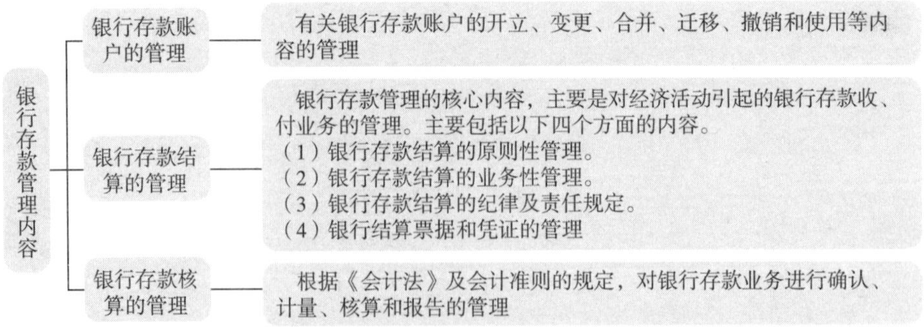

图 7-1 银行存款管理内容

7.1.3 如何编制银行存款余额调节表

银行存款余额调节表是企业为了核对本企业与银行双方的存款账面余额而编制的列有双方“未达账项”的一种报表（图 7-2）。正确地编制银行存款余额调节表对于核对企业的银行存款有着重要的意义。

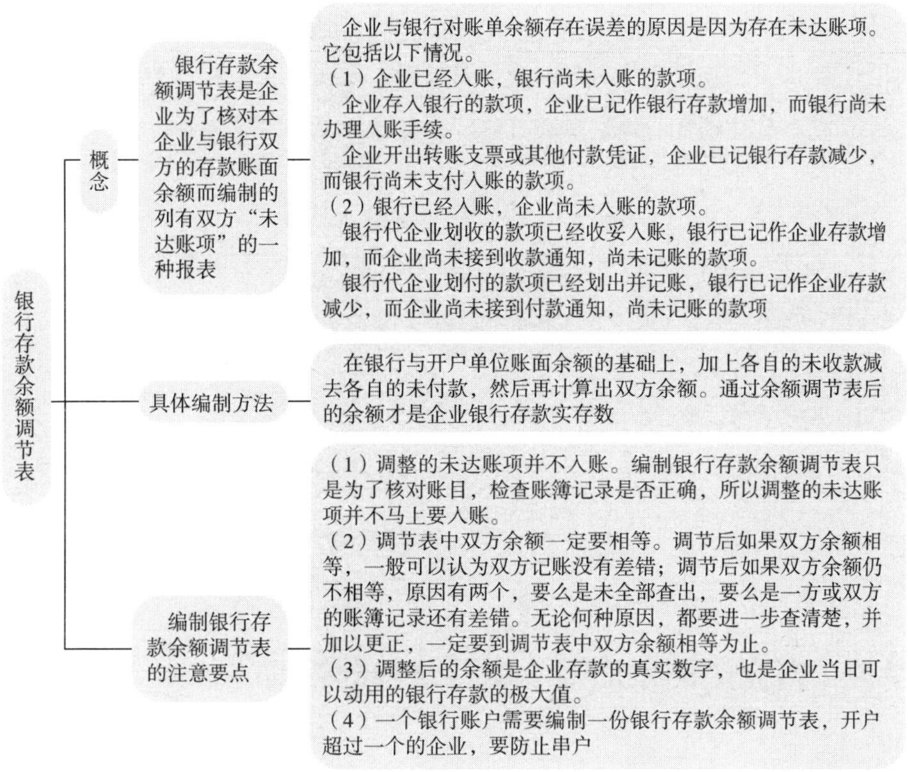

图 7-2 银行存款余额调节表

［例 7-1］

大华公司 2018 年 5 月 31 日银行存款日记账的账面余额为 260000 元，银行转来的对账单上截至 5 月 31 日的余额为 225200 元，经逐笔核对，发现有以下未达账项。

(1) 5 月 28 日，公司委托银行代收款项 2500 元，银行已经收妥入账，公司尚未接到银行的收款通知，尚未记账。

（2）5月29日，公司送存支票7600元，银行尚未计入公司存款账户。

（3）5月30日，银行代公司支付水费500元，公司尚未接到银行的付款通知，尚未记账。

（4）5月31日，公司开出支票800元，持票人尚未到银行办理转账，银行尚未登记入账。

要求：根据上述资料编制该公司银行存款余额调节表。

根据所提供资料编制该公司的“银行存款余额调节表”见表7-1。

表7-1 银行存款余额调节表

项目	金额	项目	金额
企业存款日记账余额	260000.00	银行对账单余额	255200.00
加：银行已收，企业未收	2500.00	加：企业已收，银行未收	7600.00
减：银行已付，企业未付	500.00	减：企业已付，企业未付	800.00
经调整后的余额	262000.00	经调整后的余额	262000.00

7.2 打交道的渠道——银行账户的管理

7.2.1 银行账户的概念

银行账户，又称“银行存款账户”，或称“存款账户”，是指存款人在中国境内银行开立的人民币存款、支取、转账结算和贷款户头的总称。其中，存款人主要包括机关、团体、部队、企事业单位、个体经营者；银行包括银行和其他金融机构。

银行存款账户是各单位通过银行办理转账结算、信贷以及现金收付业务的工具，凡新办的企业或公司在取得工商行政管理部门颁发的法人营业执照后，可选择离办公场地近的银行申请开设自己的结算账户。对于非现金使用范围的开支，都要通过银行账户办理。

7.2.2 国家对企业银行账户管理的规定

按照《银行账户管理办法》的规定，国家对银行账户的管理包括两个方面：一是人民银行对账户的管理，二是开户银行对账户的管理。具体的管理原则与要求如图 7-3 所示。

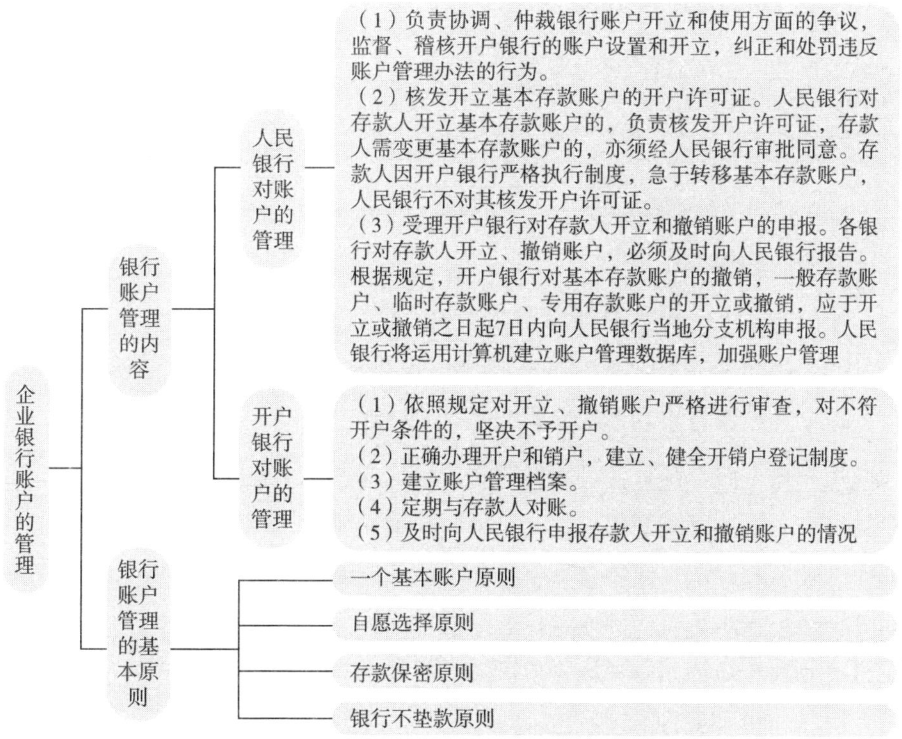

图 7-3 企业银行账户管理的内容与基本原则

7.2.3 存款账户的种类及其开立

7.2.3.1 基本存款账户

基本存款账户，是指存款人办理日常转账结算和现金收付的账户。它是独立核算单位在银行开立的主要账户。存款人的工资、奖金等现金的支出，只能通过基本存款账户办理。按照规定，每个存款人只能在银行开立一个基本存款账户。

（1）哪些存款人可以开设基本存款账户。根据《银行账户管理办法》的规定，下列存款人可以申请开立基本存款账户。

①企业法人。

②企业法人内部单独核算的单位。

③管理财政预算资金和预算外资金的财政部门。

④实行财政管理的行政机关、事业单位。

⑤县级（含）以上军队、武警单位。

⑥外国驻华机构。

⑦社会团体。

⑧单位附设的食堂、招待所、幼儿园。

⑨外地常设机构。

⑩私营企业、个体经济户、承包户和个人。

（2）申请基本存款账户需提供哪些文件。存款人申请开立基本存款账户，应向开户银行出具下列证明文件。

①当地工商行政管理机关核发的企业法人营业执照或营业执照。

②中央或地方编制委员会、人事、民政等部门的批文。

③军队军以上、武警总队财务部门的开户证明。

④单位对附设机构同意开户的证明。

⑤驻地有权部门对外地常设机构的批文。

⑥承包双方签订的承包协议。

⑦个人居民身份证和户口簿。

（3）如何开设基本存款账户。开设基本存款账户的程序如图 7-4 所示。

填制开户申请表

↓

提供开户证明，并送交盖有存款人印章的“印鉴卡”

↓

开户银行审核

↓

开户银行同意后，将申请材料送交中国人民银行当地分支机构审核

↓

审核无误后，填制开户许可证

↓

退回开户证明

图 7-4　开设基本存款账户的程序

开户申请书一式三联，第一联由中国人民银行当地分支机构留存；第二联由开户银行留存；第三联由存款人保管，待销户时做重新开户的证明。印鉴卡片一式两张，一张留存开户银行；一张开户单位留存。开户许可证一式两本（正、副本），正本由开户单位留存；副本由开户银行存查。

需要特别说明的是，印鉴卡片上填写的户名必须与单位名称一致，同时要加盖开户单位公章、单位负责人或财务机构负责人、出纳人员三个图章。它是单位与银行事先约定的一种具有法律效力的付款依据，银行在为单位办理结算业务时，凭开户单位在印鉴卡片上预留的印鉴审核支付凭证的真伪。如果支付凭证上加盖的印章与预留的印鉴不符，银行就可以拒绝办理付款业务，以保障开户单位款项的安全。

7.2.3.2　一般存款账户

一般存款账户，是指存款人在基本账户以外的银行借款、转存，与基本存款账户的存款人不在同一地点的附属非独立核算单位开立的账户。存款人可以通过账户办理转账、结算和存入现金业务，但不能支取现金。

（1）哪些存款人可以开设一般存款账户？根据《银行账户管理办法》的规定，下列情况的存款人可以申请开立一般存款账户，并须提供相应的证明文件。

①在基本存款账户以外的银行取得借款的单位和个人可以申请开立该账户，并须向开户银行出具借款合同或借款借据。

②与基本存款账户的存款人不在同一地点的附属非独立核算单位可以申请开立该账户，并须向开户银行出具基本存款账户的存款人同意其附属的非独立核算单位开户的证明。

（2）如何开设一般存款账户。存款人在申请开立一般存款账户、临时存款账户和专用存款账户时，应该按照以下程序进行，如图 7-5 所示。

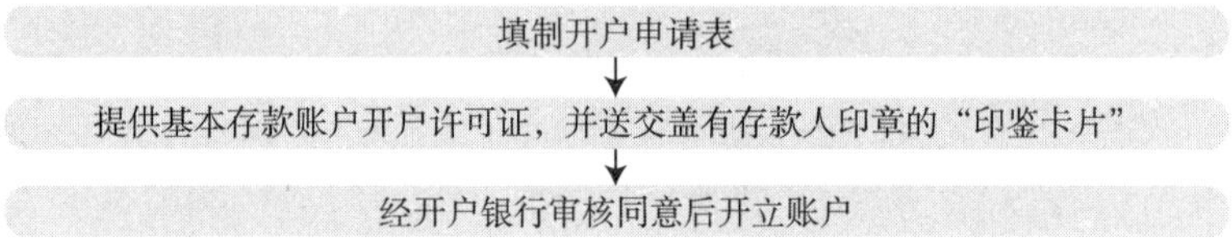

图 7-5　开设一般存款账户的程序

7.2.3.3　临时存款账户

临时存款账户，是存款人因临时经营活动需要开立的账户，因异地临时经营活动需要时，可以申请开立异地临时存款账户，用于资金的收付。存款人可以通过临时存款账户办理转账结算和根据国家现金管理的规定办理现金收付。

（1）哪些存款人可以开设临时存款账户？根据《银行账户管理办法》的规定，下列存款人可以申请开立临时存款账户，并须提供相应的证明文件。

①外地临时机构可以申请开立该账户，并须出具当地工商行政管理机关核发的临时执照。

②临时经营活动需要的单位和个人可以申请开立该账户，并须出具当地有权部门同意设立外来临时机构的批件。

（2）如何开立临时存款账户？存款人申请开立临时存款账户，应填制开户申请书，提供相应的证明文件，送交盖有存款人印章的印鉴卡片，经银行审核同意后，即可开设此账户。

7.2.3.4　专用存款账户

专用存款账户是存款人按照法律、行政法规和规章，对其特定用途资金进行专项管理和使用而开立的银行结算账户。

（1）专用存款账户设置的条件。根据《银行账户管理办法》的规定，存款人对特定用途的资金，由存款人向开户银行出具相应证明即可开立该账户。特定用途的资金范围包括：基本建设的资金；更新改造的资金；其他特定用途，需要专户管理的资金。

（2）开设专用存款账户需要提供的文件。根据《银行账户管理办法》的规定，存款人申请开立专用存款账户，应向开户银行出具下列证明文件之一。

①经有权部门批准立项的文件。

②国家有关文件的规定。

（3）专用存款账户开立的程序。存款人申请开立专用存款账户，应填制开户申请书，提供相应的证明文件，送交盖有存款人印章的印鉴卡片，经银行审核同意后开立账户。

7.2.4 变更账户

对于银行账户的变更，主要有变更账户名称、更换单位财务专用章等，具体的要求如图 7-6 所示。

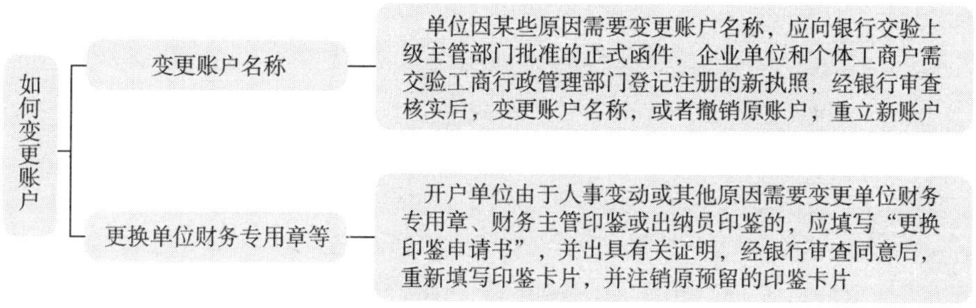

图 7-6　如何变更账户

7.2.5 迁移账户

单位发生办公或经营地点搬迁时应到银行办理迁移账户手续。迁入迁出在同一城市的，可凭迁出行出具凭证到迁入行开立新户，搬迁异地应按规定向迁入银行重新办理开户手续。搬迁过程中，如需要可要求原开户银行暂时保留原账户，但在搬迁结束已在当地恢复经营活动时，则应在一个月内到原开户银行结清原账户。

另外，按照规定，连续一年以上没有发生收付活动的账户，开户银行经过调查认为该账户无须继续保留即可通知开户单位来银行办理销户手续，开户单位接通知后一个月内必须办理，逾期不办理可视为自动销户，存款有余额的将作为银行收益。

7.2.6 账户的合并与撤销

账户的合并与撤销如图 7-7 所示。

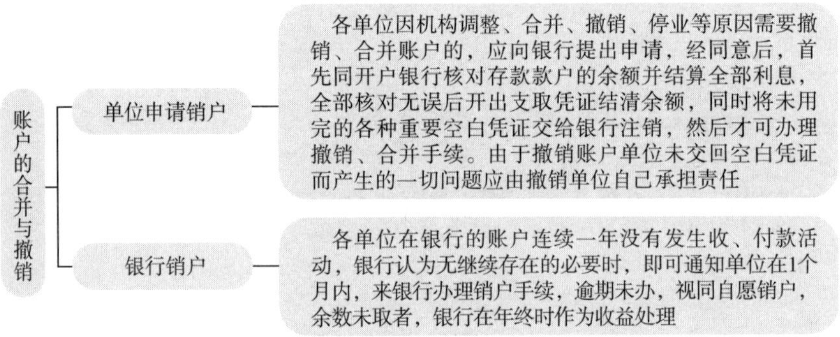

图 7-7　账户的合并与撤销

7.2.7 办理印章挂失

各单位预留银行印鉴的印章遗失时，应当出具公函，填写“更换印鉴申请书”，由开户银行办理更换印鉴手续。遗失个人名章的由开户单位备函证明，遗失单位公章的由上级主管单位备函证明。经银行同意后按规定办法更换印鉴，并在新印鉴卡上注明情况。

7.2.8 更换预留印鉴

各单位因印章使用日久发生磨损，或者改变单位名称、人员调动等原因需要更换印鉴时，应填写“更换印鉴申请书”，由开户银行发给新印鉴卡。单位应将原印鉴盖在新印鉴卡的反面，将新印鉴盖在新印鉴卡的正面，并注明启用日期交开户银行。在更换印鉴前签发的支票仍然有效。

7.2.9 核算银行存款

银行存款的核算主要包括序时核算和总分类核算两个部分，详见图7-8。在实际操作中，出纳人员主要从事序时核算。

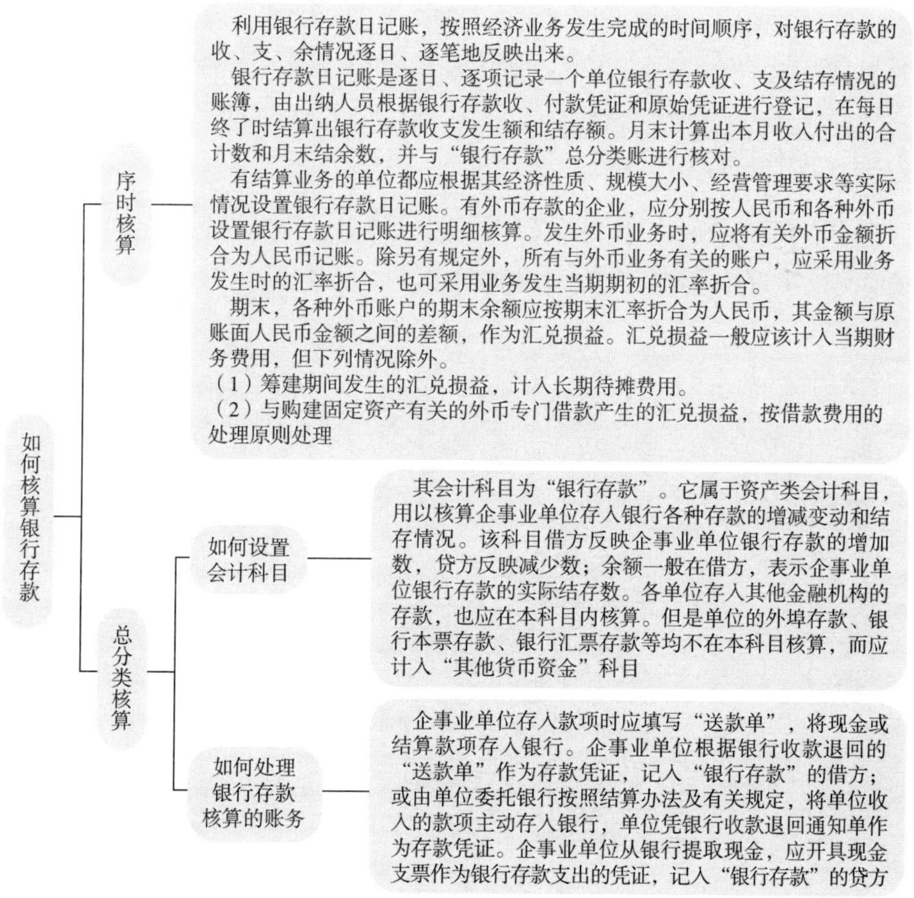

图7-8 银行存款的核算

7.3 向银行筹点儿资——如何办理银行借款业务

银行借款，就是企业根据其生产经营业务的需要，为弥补自有资金不足，而向银行借入的款项，是企业从事生产经营活动资金的重要来源。

7.3.1 如何申办贷款

申办贷款，需要贷款的单位具备一定的条件，待贷款企业经银行审核同意之后，方可办理贷款，其具体的要求如图 7-9 所示。

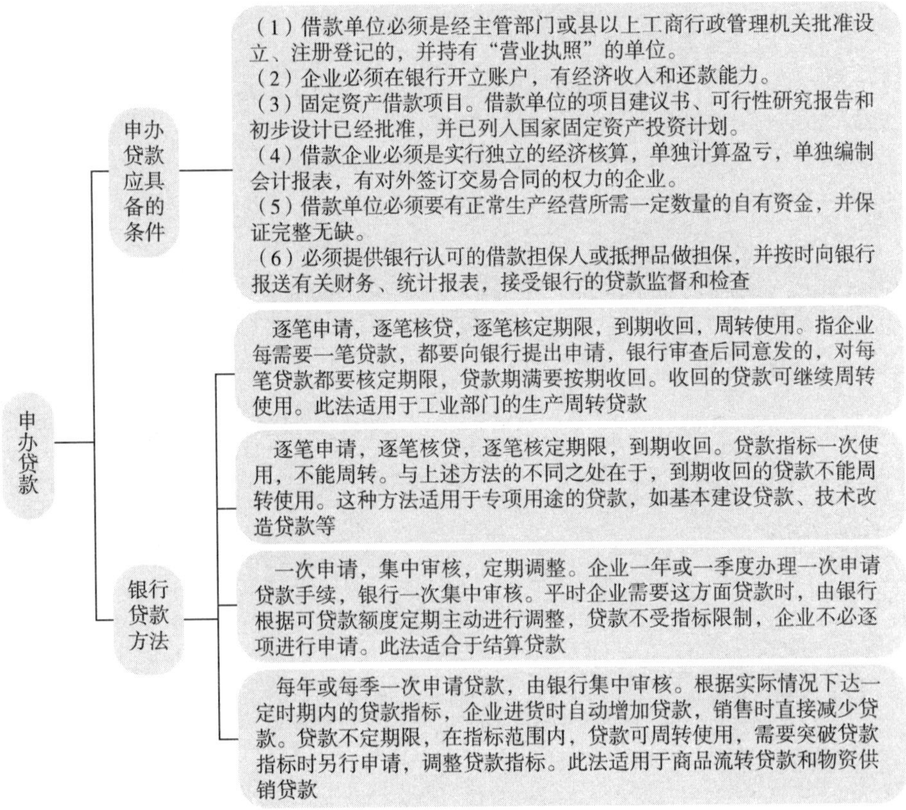

图 7-9 申办贷款

7.3.2 企业借款程序

企业借款主要要经过借款申请、贷款方审查、签订贷款合同并放款。其具体的程序如图 7-10 所示。

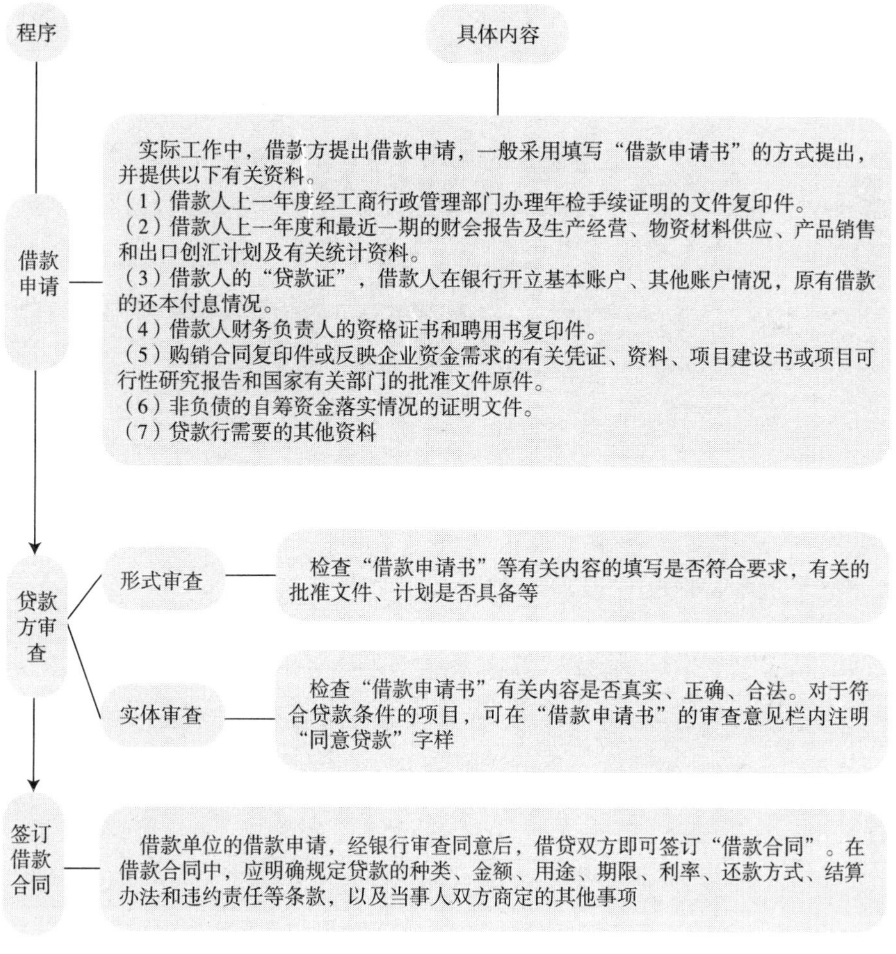

图 7-10 企业借款程序

7.3.3 贷款证制度

为了加强对企业贷款的监督和保障信贷资金的安全，中国人民银行正式颁布了《贷款管理办法》，决定在我国商业银行的贷款业务经营中实行贷款证的制度。贷款证，就是指企业向国内商业银行申请贷款的凭证

（图 7-11）。该凭证由当地中国人民银行统一印制、颁发给注册地法人企业，作为商业银行审查贷款的重要依据之一。

- 贷款证的内容
  - 内容
    - （1）发证记录和年审记录。由发证机关填写，发证记录一栏填写贷款证启用时间和有效期限；年审记录一栏填写年审结论。
    - （2）企业概况。由企业在申领贷款证时填写，主要包括企业名称、法定代表人、注册资本、经济类型、行业类别等。
    - （3）银行存款开户记录，分人民币和外币账户。由企业填写，包括开户银行名称和账号，不得漏填；企业在银行开立新的结算户后，要及时填写；填写时要注明基本结算户和主要贷款金融机构。
    - （4）贷款金额情况统计表。由企业在申领贷款和年审时，填写其在各金融机构的贷款金额。
    - （5）贷款发生情况登记表。该表分人民币贷款和外币贷款两类，反映企业借还款情况。此部分由金融机构信贷部门填写。
    - （6）异地贷款情况登记表。该表反映企业在注册外的城市办理借款业务的情况。此部分由提供贷款的金融机构信贷部门填写。
    - （7）企业提供经济保证情况登记表。该表反映企业提供经济保证的情况。此部分由提供贷款的金融机构信贷部门填写。
    - （8）企业资信等级记录。在实行贷款证管理制度的城市，经发证机关认可的资信评估机构对企业评定的资信等级，可在此部分登记。
    - （9）备注。用于发证机关和金融机构信贷部门记录有关事宜
  - 发放对象
    - 在实行贷款证管理制度城市内的企业，拟申请借款或已与金融机构有借款还款关系者，必须申领贷款证。企业只能向注册地发证机关申领贷款证。一个企业只能申领一本贷款证。贷款证可在实行贷款证管理制度的城市内通用

图 7-11　贷款证的内容

贷款证的办理如图 7-12 所示。

- 贷款证的办理
  - 申报贷款证需提交的文件
    - （1）企业法人营业执照正本复印件，并出示副本原件。
    - （2）企业注册资本的验资报告复印件或有关注册资本来源的证明材料。
    - （3）企业启用或刻印行政公章的证明文件。
    - （4）企业法定代表人身份证复印件及履历证明材料。
    - （5）营业执照复印件。
    - （6）发证机关要求的其他材料。
    - 以上文件齐备并经审验无误后，发证机关应在1个月内为企业颁发贷款证。贷款证经发证机关加盖公章后生效
  - 如何办理贷款证
    - （1）领证。申办人持本人身份证、企业法人营业执照正本，到中国人民银行所在地区分行领取空白贷款证及贷款证申请表等四份表格。
    - （2）填写申领表格。企业要真实、完整地填写申领表格。
    - （3）认真填写贷款证中的相关内容。申领贷款证企业自行填写：贷款企业概况、人民币存款户开户记录和外币存款户开户记录、贷款余额情况统计表。由企业送金融机构信贷部门填写：人民币贷款发生情况登记表、外币贷款发生情况登记表、异地贷款发生情况登记表、企业经济保证情况登记表。
    - （4）办证送审资料及证明文件。贷款企业将填妥表格和贷款证送交中国人民银行所在地分行，并提交证明文件、企业上年度财务决算报表，以及申领贷款证前1个月的财务报表。如是非法人企业还须提交主管企业法人授权委托人的复印件，与金融机构新建立信贷关系的企业或贷款总额在500万元以上的企业须出示资信等级证明，需要与金融机构新建立信贷关系的企业申办贷款证时，还须提供所在开户金融机构同意建立信贷关系的证明

图 7-12　贷款证的办理

贷款证的使用、变更、年审如图 7-13 所示。

贷款证的使用、变更、年审

- **贷款证的使用**
  - （1）企业领取贷款证后，方有资格办理借款还款手续。
  - （2）企业归还贷款时，应持金融机构会计部门填制的贷款偿付凭证和贷款证，到金融机构信贷部门及时做还款记录。
  - （3）企业申请借款时，金融机构信贷部门必须查验借款企业的贷款证，决定向其贷款后，信贷人员须在贷款证上逐笔登记并签字盖章。
  - （4）企业申请贷款经信贷部门批准后，信贷人员须在贷款证上逐笔记录，并签字盖章。
  - （5）资信评估机构对企业评级，并在企业资信等级记录栏中记录后，应加盖公章。
  - （6）贷款证不得出借、出租、转让、涂改和伪造。
  - （7）金融机构信贷部门查验企业贷款证的时间不得超过15天。
  - （8）信贷部门办理保证贷款时，必须同时查验保证企业的贷款证。
  - （9）企业归还保证贷款时，借款企业应及时通知保证企业持贷款证到信贷部门做核销登记，由信贷人员签字盖章。
  - （10）企业在注册地以外城市金融机构办理借款还款手续，要持其所在城市发证机关颁发的贷款证按上述相同程序在异地贷款栏中登记
- **变更贷款证的情形**
  - 持证企业向发证机关申请办理贷款证变更手续的情况大致有以下几种。
  - （1）企业名称变更。
  - （2）企业法定代表人更换。
  - （3）企业注册资本变更。
  - （4）企业法定住址迁移。
  - （5）贷款证登录满页或严重破损
- **贷款证的年审**
  - 贷款证实行集中年审，年审内容主要包括企业生产经营概况、财务状况和银行开户情况等。年审期间贷款证仍然有效。年审手续一般如下。
  - （1）发证机关每年2～6月对贷款证进行年审。
  - （2）企业凭法人营业执照正本原件及贷款证领取空白年审报告。
  - （3）企业把填好的年审报告书交回发证机关审核，并提交“企业法人营业执照”正本复印件、贷款证，以及企业上一年度的资产负债表、损益表和年审时企业最新的财务月报表

图 7-13　贷款证的使用、变更、年审

8 银行票据结算

——与银行“打交道”的必备知识

● 内容概览

记得马克·吐温的《百万英镑》中就讲述了一张一百万英镑支票如何改变男主角生活状况的故事，可能这也是大家心中对于票据最初的概念。对于初入职场或者刚跨入财务门槛的人来说，银行票据可能只是耳闻而没有真实接触过。然而，当你走上出纳岗位，就会和票据有亲密的接触，故而对于不同的票据结算方式最好有个整体的了解。

通过本章的学习，你将能系统地掌握各种银行票据的功能及结算程序，这将为你日后的工作做好铺垫。那就赶紧往下看吧。

8.1 领略票据全貌——票据结算基础知识

8.1.1 银行票据结算

根据国家对货币管理的规定，一切企业、机关、部队和事业单位，都必须在银行开设账户，将资金存入银行。各单位之间的经济往来，除了根据现金管理规定可以使用现金以外，都必须通过银行办理转账结算。国内现行转账结算办法主要有：支票结算、银行本票结算、银行汇票结算、银行汇兑结算、商业汇票结算、委托收款结算、托收承付、信用卡结算和信用证结算。由于这些转账结算方式一般都是需要通过银行，且都需要作为结算凭证的各种票据，因此又称之为银行票据结算，或简称为银行结算或票据结算。

各单位的银行结算业务一般由出纳人员经办，因此作为出纳人员，必须熟练掌握现行银行结算办法，掌握相关规定。

8.1.2 票据的概念

票据一般是指商业上由出票人签发，无条件约定自己或要求他人支付一定金额，可流通转让的有价证券，持有人具有一定权力的凭证。把握这一概念，需要从三个方面进行理解，详见图 8-1。

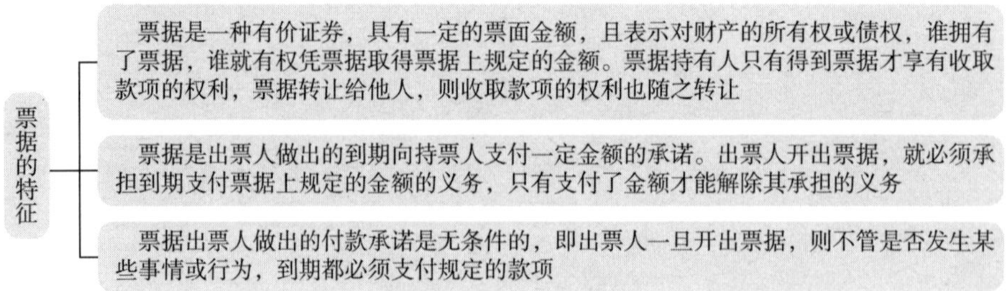

图 8-1　票据的特征

8.1.3 票据的分类

按照我国票据法的规定，票据包括汇票、本票和支票。票据可以从不同的角度进行不同的分类（表 8-1）。

表 8-1 票据的分类

分类依据	种类	概念
付款时间	即期票据	付款人见票后必须立即付款给持票人，如支票及见票即付的汇票、本票
	远期票据	付款人见票后在一定期限或特定日期付款的票据
受款人记载方式	记名票据	在票据上注明收款人姓名可由收款人以背书方式转让，付款人只能向收款人或其指定的人付款的票据
	不记名票据	票面上不记载收款人姓名，可不经背书而直接以交付票据为转让，付款人可以对任何持票人付款的票据
我国票据法的规定		票据包括汇票、本票和支票

8.2 支付手段一——支票结算

8.2.1 支票结算的概念

支票是单位或个人签发的，委托办理支票存款业务的银行在见票时无条件支付确定的金额给收款人或者持票人的票据（图 8-2）。

支票结算方式是同城结算中应用比较广泛的一种结算方式。单位和个人在同一票据交换区域的各种款项结算，均可以使用支票。

- 支票结算
  - 支票是单位或个人签发的，委托办理支票存款业务的银行在见票时无条件支付确定的金额给收款人或者持票人的票据。支票结算方式是同城结算中应用比较广泛的一种结算方式。单位和个人在同一票据交换区域的各种款项结算，均可以使用支票
  - 支票的种类 —— 支票由银行统一印制，支票上印有现金字样的为现金支票。支票上印有转账字样的为转账支票，只能用于转账。未印有现金或转账字样的为普通支票，可用于支取现金，也可用于转账。在普通支票左上角划两条平行线的，为划线支票，划线支票只能用于转账，不得支取现金
  - 支票的使用 —— 支票的提示付款期限为自出票日起10日内，中国人民银行另有规定的除外。超过提示付款期限的，持票人开户银行不予受理，付款人不予付款。转账支票可以根据需要在票据交换区域内背书转让
  - 支票的领购 —— 存款人领购支票，须填写票据和结算凭证领用单并加盖预留银行印鉴。存款账户结清时，须将剩余的空白支票全部交回银行注销
  - 支票的签发 —— 企业财会部门在签发支票前，出纳人员应认真查明银行存款的账面结余数额，防止签发超过存款余额的空头支票。签发空头支票，银行除退票外，还按票面金额处以5%但不低于1000元的罚款。持票人有权要求出票人赔偿支票金额2%的赔偿金。签发支票时，应使用蓝黑墨水或碳素墨水，将支票上的各要素填写齐全，并在支票上加盖其预留银行印鉴。出票人预留银行的印鉴是银行审核支票付款的依据。银行也可与出票人约定使用支付密码，作为银行审核支付支票金额的条件

图 8-2　支票结算

8.2.2　支票结算的基本规定

我国的银行结算法规对支票结算进行了详细的规定，其具体的规定如图 8-3 所示。

支票结算的基本规定

- 支票的使用范围。凡是在银行开立账户的企业、事业单位和机关、团体、部队、学校、个体经济户以及单位所附属食堂、幼儿园等，其在同一城市或票据交换地区的商品交易、劳务供应、债务清偿和其他款项结算等均可使用支票
- 除定额支票外，支票一律记名。经中国人民银行总行批准的地区的转账支票还允许背书转让，背书转让必须连续
- 支票金额起点为100元
- 支票的付款有效期为10天（背书转让地区的转账支票有效期为10天），从签发的次日算起，遇例假日顺延。过期支票作废，银行不予受理
- 签发支票要用墨汁或碳素墨水（或使用支票打印机）认真填写；支票大小写金额和收款人三处不得涂改，其他内容如有改动须由签发人加盖预留银行印签之一证明。签发缺印鉴或错账号的支票及签发的支票印鉴不符、账号户名不符、密码号不符的，银行处5%但不低于1000元的罚款
- 签发现金支票须符合现金管理规定。收款单位凭现金支票收取现金，须在支票背面加盖单位公章即背书，同时，收款单位到签发单位开户银行支取现金，应按银行规定交验有关证件
- 付款单位必须在其银行存款余额内签发支票，不得签发空头支票。空头支票是指签发的支票金额超过银行存款余额
- 不准出租、出借支票
- 不准签发远期支票。远期支票是指签发当日以后日期的支票。因为签发远期支票容易造成空头支票，所以银行禁止签发远期支票
- 已签发的现金支票遗失，可向银行申请挂失；挂失前已经支付的，银行不予受理。已签发的转账支票遗失，银行不受理挂失，但可以请收款单位协助防范

图 8-3　支票结算的基本规定

8.2.3　支票结算的基本程序

常用的支票包括现金支票和转账支票，两种类型支票的结算程序也是有所差别的（图 8-4）。

支票结算的基本程序

- 现金支票结算程序
  - （1）开户单位用现金支票提取现金时，由本单位出纳人员签发现金支票并加盖银行预留印鉴后，到开户银行提取现金。
  - （2）开户单位用现金支票向外单位或个人支付现金时，由付款单位出纳人员签发现金支票，并加盖银行预留印鉴并注明收款人后交收款人。
  - （3）收款人持现金支票到付款单位开户银行提取现金，并按照银行的要求交验有关证件
- 转账支票结算程序（图 8-5）
  - （1）付款人按应支付的款项签发转账支票后交收款人，凭支票存根贷记“银行存款”账户，借记对应账户。
  - （2）收款人审查无误后，填制一式两联进账单连同支票一并送交本单位开户银行。
  - （3）经银行审查无误后，在进账单的回单上加盖银行印章，退回收款人，作为收款人入账的凭据，收款人据此借记“银行存款”账户，贷记对应账户。
  - （4）另一联和支票银行留存，作为划转款项和记账凭据

图 8-4　支票结算的基本程序

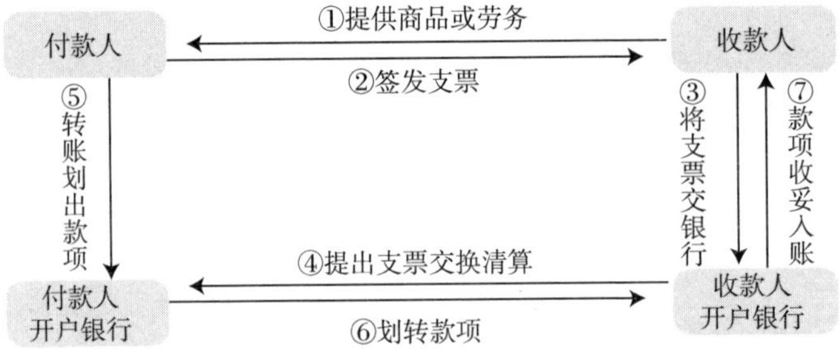

图 8-5　转账支票结算程序

8.2.4　现金支票的签发与办理

现金支票有两种，一种是支票上印有“现金”字样的现金支票，现金支票只能用于支取现金；一种是未印有“现金”或“转账”字样的普通支票，普通支票可以用于支取现金，也可以用于转账。各单位使用现金支票或普通支票（以下均称现金支票）时，必须按《现金管理暂行条例》中的现金使用范围及有关要求办理（图 8-6）。

签发与办理现金支票的基本要求

- 签发现金支票必须写明收款单位名称或收款人姓名，并只准收款方或签发单位持票向银行提取现金或办理转账结算，不得将现金支票流通
- 签发现金支票首先必须查验银行存款是否有足够的余额，签发的支票金额必须在银行存款账户余额以内，不准超出银行存款账户余额签发空头支票。对签发空头支票或印章与预留印鉴不符的支票，银行除退票外并按票面金额处以5%但不低于1000元的罚款。持票人有权要求出票人赔偿支票金额2%的赔偿金。对屡次签发的，银行可根据情节给予警告、通报批评，直至停止其向收款人签发支票
- 签发现金支票不得低于银行规定的金额起点，起点以下的用库存现金支付。支票金额起点为100元，但结清账户时，可不受其起点限制
- 要严格执行支票有效期限的规定。支票付款的有效期限为10天。有效期限从签发支票的次日算起，到期日如遇到假日顺延。过期支票作废，银行不予受理。签发支票必须填写当日日期，不得签发远期支票
- 支票的持票人应当自出票日起10日内提示付款，异地使用的支票，其提示付款的期限由中国人民银行另行规定。超过提示付款期限的，付款人可以不予付款
- 各单位在填写现金支票时，应按有关规定认真填写支票中的有关栏目。现金支票需填写的内容有收款人和开户银行名称、支票号码、签发日期、签发人账号、大小写金额、用途等项目，填写时必须要素齐全、内容真实、数字正确、字迹清晰，不潦草，不错漏，做到标准、规范，防止涂改。签发支票应使用墨汁或碳素墨水填写，未按规定填写，被涂改冒领的，由签发人负责。支票大小写金额和收款人不得更改。其他内容如有更改，必须由签发人加盖预留银行印鉴之一证明

图 8-6　签发与办理现金支票的基本要求

8.2.5 转账支票的签发与办理

转账支票的签发及办理与现金支票基本相同。不同的是：经中国人民银行总行批准的地区，转账支票可以背书转让。转账支票的收账手续不同，收款单位在收到转账支票时，除审核有关项目外，需填制进账单（表 8-8），连同转账支票送交开户银行，并根据银行退回的加盖银行印章的进账单第一联（回单）编制收款凭证，出纳人员据以登记银行存款日记账。在日常业务中，有时付款单位签发支票后，同时代收款单位填制银行进账单，将支票连同进账单一并送交银行后，将银行盖章的进账单第一联送交收款单位，收款单位可据以编制凭证，出纳人员据以登记银行存款日记账。

8.2.6 怎样处理收到的转账支票

收到转账支票后的处理流程如图 8-7 所示。

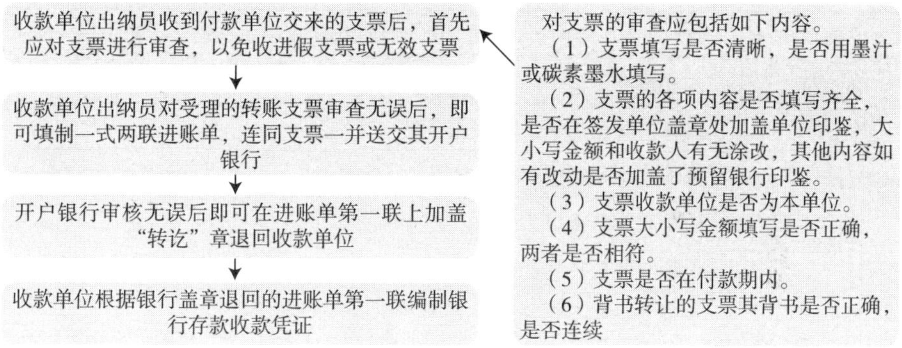

图 8-7 收到转账支票后的处理流程

银行进账单见表 8-2。

表 8-2 银行进账单

<table>
<tr><td rowspan="8">此联由银行盖章后退回单位</td><td rowspan="2">收款单位</td><td>全称</td><td colspan="2"></td><td>款项往来</td><td colspan="12"></td></tr>
<tr><td>账号</td><td colspan="2"></td><td>款项性质</td><td colspan="12">票据（分页填写）</td></tr>
<tr><td colspan="5" rowspan="2">人民币大写</td><td>十</td><td>亿</td><td>千</td><td>百</td><td>十</td><td>万</td><td>千</td><td>百</td><td>十</td><td>元</td><td>角</td><td>分</td></tr>
<tr><td></td><td></td><td></td><td></td><td></td><td></td><td></td><td></td><td></td><td></td><td></td><td></td></tr>
<tr><td colspan="4">托收票据目录第 1 页　共　页</td><td rowspan="2">款项性质</td><td colspan="10">金额</td><td colspan="2" rowspan="4">（收款银行盖章）</td></tr>
<tr><td colspan="2">付款行交换号码</td><td>付款单位账号</td><td>凭证号码</td><td>千</td><td>百</td><td>十</td><td>万</td><td>千</td><td>百</td><td>十</td><td>元</td><td>角</td><td>分</td></tr>
<tr><td colspan="2"></td><td></td><td></td><td></td><td></td><td></td><td></td><td></td><td></td><td></td><td></td><td></td><td></td><td></td></tr>
<tr><td colspan="2"></td><td></td><td></td><td></td><td></td><td></td><td></td><td></td><td></td><td></td><td></td><td></td><td></td><td></td></tr>
</table>

8.2.7 支票结算方式下银行退票的处理

按照规定，银行对于签发人或收款人提交的现金支票和转账支票必须进行严格的审查，对于付款单位存款数额不足以支付票款（空头支票）或者支票填写不合规定等情况，银行将按规定予以退票。所谓退票就是指银行认为该支票的款项不能进入收款人账户而将支票退回。银行将出具“退票理由书”，连同支票和进账单一起退给签发人或收款人。“退票理由书”的基本格式见表 8-3。收款人收到银行退回的支票后，应立即与付款人进行联系，并做出相应的账务处理。

表 8-3 退票理由书

年 月 日

出票单位 票据号码

项目	内容	退票理由（打√号）
账户款项不足	存款不足	
	超过放款批准额度或经费限额	
内容填写	金额大小写不全、不清楚	
	未填写收款单位或收款人	
	未填写款项用途或用途填写不明	
	按国家规定不能支付的款项	
日期	出票日期已过有效期限	
	非即期支票	
背书签字	背书人签章不清、不全、空白	
	背书人签章与预留银行印鉴不符	
涂改	支票大小写金额或收款人名称涂改	
	日期、账号等涂改处未盖预留银行印鉴证明	
其他	此户已结清，无此账户	
	已经出票人申请止付	
	非本行承付支票	

8.2.8 支票丧失后的补救措施

已经签发的普通支票和现金支票，如因遗失、被盗等原因而丧失的，应立即向银行申请挂失。支票丧失后的补救措施如图 8-8 所示。

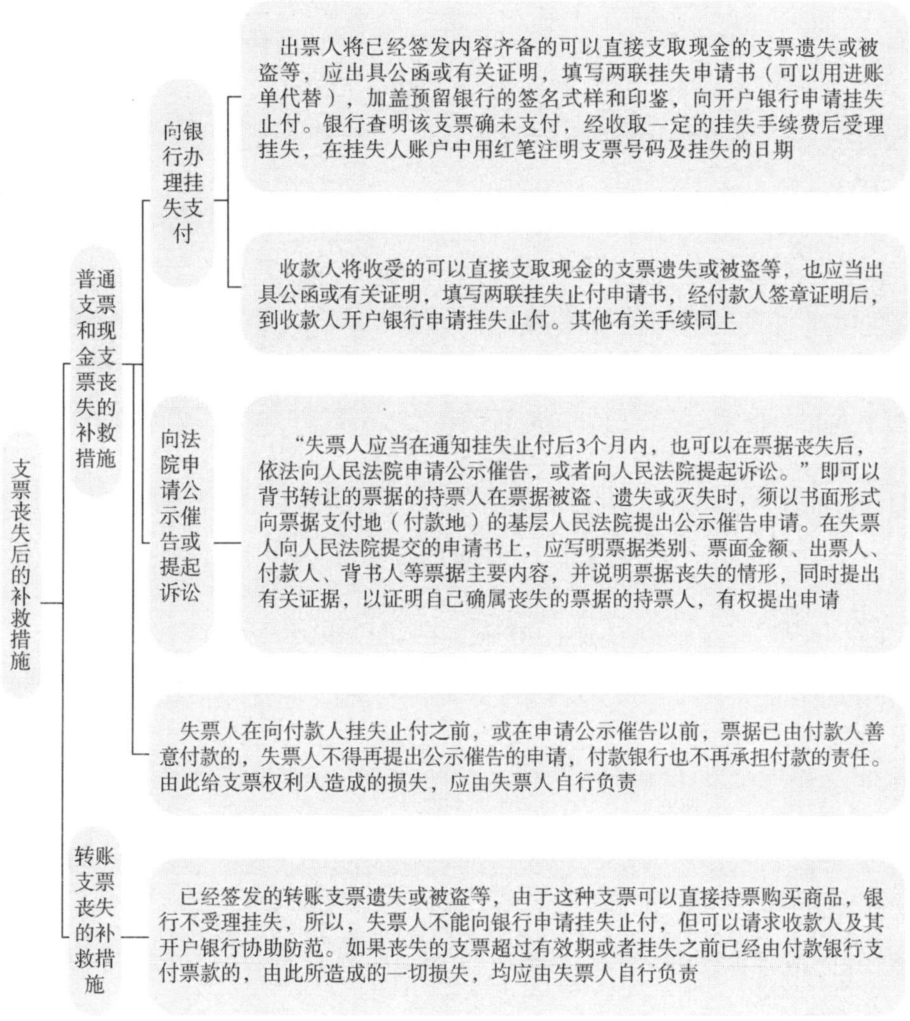

图 8-8 支票丧失后的补救措施

8.3 支付手段二——银行本票结算方式

8.3.1 银行本票的概念和特点

银行本票是申请人将款项交存银行，由银行签发的承诺自己在见票时无条件支付确定的金额给收款人或者持票人的票据。银行本票按照其金额是否固定可分为不定额和定额两种。不定额银行本票是指凭证上金额栏是空白的，签发时根据实际需要填写金额，并用压数机压印金额的银行本票；定额银行本票是指凭证上预先印有固定面额的银行本票。银行本票结算的特点如图 8-9 所示。

银行本票结算的特点

- 使用方便——单位、个体经济户和个人不管其是否在银行开户，在同一票据交换区域支付各种款项都可使用银行本票。收款单位和个人持银行本票可办理转账结算、支取现金，也可背书转让。用银行本票购买材料物资，销货方可以见票付货，购货方可以凭票提货；债权债务双方可以凭票清偿；收款人将本票交存银行，银行即可为其入账，见票即付，结算迅速
- 信誉度高，支付能力强——银行签发，到期即付。其中定额银行本票由中国人民银行发行，各大国有商业银行代理签发，不存在票款得不到兑付的问题。不定额银行本票由各大国有商业银行签发，一般也不存在票款得不到兑付的问题

图 8-9　银行本票结算的特点

8.3.2 银行本票的内容和种类

银行本票包括六项必需的内容，在出具和接受银行本票时，要逐一核查这六项内容是否完整、正确。银行本票的内容和种类如图 8-10 所示。

- 银行本票的内容和种类
  - 银行本票的内容
    - （1）表明“银行本票”字样。
    - （2）无条件支付的承诺。
    - （3）确定的金额。
    - （4）收款人的名称。
    - （5）出票日期。
    - （6）出票人签章。
    - 欠缺记载上列事项之一的，银行本票无效
  - 银行本票的适用范围
    - 适用于单位、个体经营户和个人在同城范围内的商品交易和劳务供应以及其他款项的结算
  - 银行本票的种类
    - 定额本票：定额银行本票一式两联，第一联为签发银行结算本票时做付出传票；第二联由签发银行留存，结算本票时做传票的附件
    - 不定额银行本票：不定额银行本票只有一联，由签发银行盖章后交申请人以办理转账结算或取现

图 8-10 银行本票的内容和种类

8.3.3 银行本票结算的基本规定

以银行本票进行结算时，要注意图 8-11 所示的要求。

- 银行本票结算的基本规定
  - 银行本票一律记名
  - 银行本票允许背书转让
  - 银行本票的付款期为1个月（不分大月、小月，统按次月对日计算，到期日遇例假日顺延）。逾期的银行本票，兑付银行不予受理
  - 银行本票见票即付，不予挂失。遗失的不定额银行本票在付款期满后1个月确未冒领，可以办理退款手续
  - 不定额本票的金额起点为100元，定额本票的面额分为500元、1000元、5000元和10000元四种
  - 银行本票需支取现金的，付款人应在“银行本票申请书”中填明“现金”字样，银行受理签发本票时，在本票上划去“转账”字样并盖章，收款人凭此本票即可支取现金

图 8-11 银行本票结算的基本规定

8.3.4 银行本票的办理

办理银行本票一般要经过申请和银行签发本票两个过程，具体的程序见图 8-12。

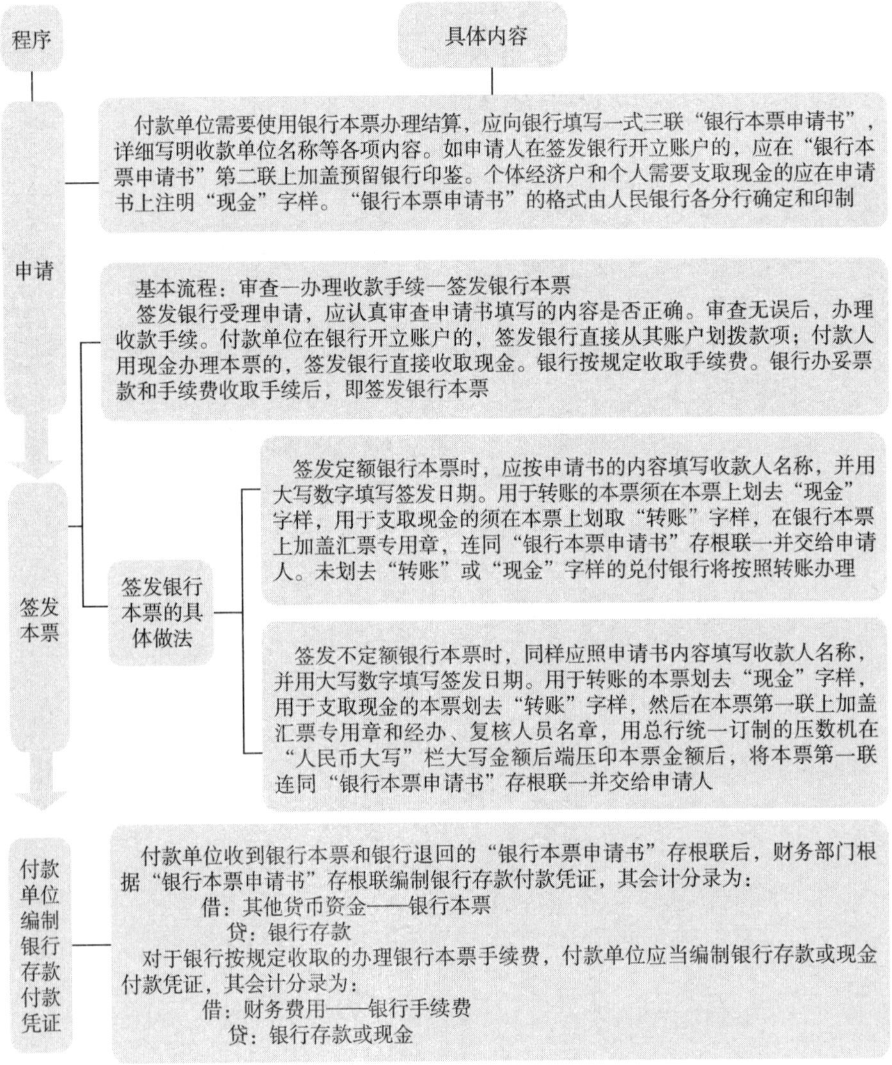

图 8-12　办理银行本票的程序

8.3.5　付款单位持银行本票购买货物

付款单位收到银行签发的银行本票后，即可持银行本票向其他单位购买货物，办理货款结算。付款单位可将银行本票直接交给收款单位，然后根据收款单位的发票账单等有关凭证编制转账凭证。

付款单位用银行本票购物的会计分录如图 8-13 所示。

付款单位用银行本票购物的会计分录

- 付款单位收到银行签发的银行本票后，即可持银行本票向其他单位购买货物，办理货款结算。付款单位可将银行本票直接交给收款单位，然后根据收款单位的发票账单等有关凭证编制转账凭证，其会计分录为：
  借：材料采购（或商品采购）
  贷：其他货币资金——银行本票
- 若实际购货金额大于银行本票金额，付款单位可用支票或现金等补齐不足的款项，同时根据有关凭证按照不足款项编制银行存款或现金付款凭证，其会计分录为：
  借：材料采购（或商品采购等）
  贷：银行存款（或现金）
- 若实际购货金额小于银行本票金额，则由收款单位用支票或现金退回多余的款项，付款单位应根据有关凭证，按退回的多余款项编制银行存款或现金收款凭证，其会计分录为：
  借：银行存款（或现金）
  贷：其他货币资金——银行本票

图 8-13　付款单位用银行本票购物的会计分录

银行本票的结算程序如图 8-14 所示。

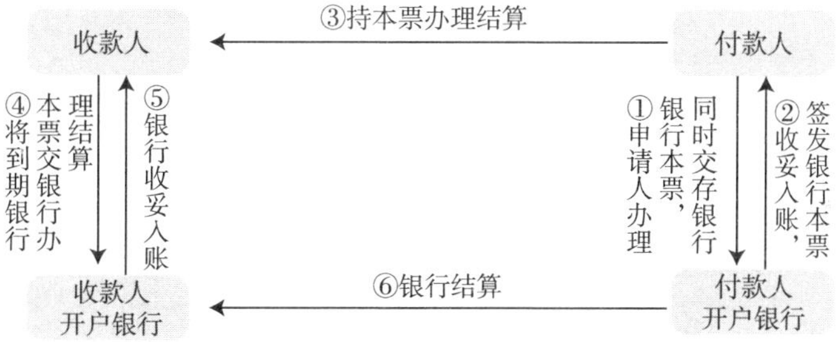

图 8-14　银行本票的结算程序

8.3.6　收款单位对收到的银行本票的处理

收款单位收到付款单位交来的银行本票后，首先应对银行本票进行认真的审查。审查无误后，受理付款单位的银行本票，填写一式两联“进账单”，并在银行本票背面加盖单位预留银行印鉴，将银行本票连同进账单一并送交开户银行。开户银行接到收款单位交来的本票，按规定认真审查，审查无误后即办理兑付手续，在第一联进账单上加盖“转讫”章做收款通知退回收款单位，具体流程见图 8-15。

程序	具体内容
审查	（1）银行本票上的收款单位或被背书人是否为本单位、背书是否连续。 （2）银行本票上加盖的汇票专用章是否清晰。 （3）银行本票是否在付款期内（付款期限为二个月）。 （4）银行本票中的各项内容是否符合规定。 （5）不定额银行本票是否有压数机压印的金额，本票金额大小写数与压印数是否相符
受理付款单位的银行本票	审查无误后，受理付款单位的银行本票，填写一式两联“进账单”，并在银行本票背面加盖单位预留银行印鉴，将银行本票连同进账单一并送交开户银行
	开户银行接到收款单位交来的本票，按规定认真审查。审查无误后即办理兑付手续，在第一联进账单上加盖“转讫”章做收款通知退回收款单位。如果购货金额大于本票金额，付款单位用支票补足款项的，可将本票连同支票一并送存银行，也可分开办理。如果收款单位收受的是填写“现金”字样的银行本票，按规定同样应办理进账手续。当然如果收款人是个体经济户和个人，则可凭身份证办理现金支取手续
收款单位编制银行存款付款凭证	收款单位应根据银行退回的进账单第一联及有关原始凭证编制银行存款收款凭证，其会计分录为： 借：银行存款 贷：商品销售收入（或产品销售收入） 应交税费——应交增值税（销项税额） 如果收款单位收到的银行本票金额大于实际销售金额，则付款单位应用支票或现金退回多余的款项。在这种情况下，收款单位可以于收到本票时，根据有关发票存根等原始凭证按照实际销货金额编制转账凭证，其会计分录为： 借：其他货币资金——银行本票 贷：产品销售收入（或商品销售收入） 应交税费——应交增值税（销项税额） 应付账款——××付款单位 收款单位将银行本票送存银行，办理进款手续后，再根据银行退回的进账单编制银行存款收款凭证，其会计分录为： 借：银行存款 贷：其他货币资金——银行本票

图 8-15　收款单位收到银行本票的业务处理

8.3.7　银行本票的背书转让

按照规定，银行本票一律记名，允许背书转让。银行本票的持有人转让本票，应在本票背面“背书”栏内背书，加盖本单位预留银行印鉴，注明背书日期，在“被背书人”栏内填写受票单位名称，之后将银行本票直接交给被背书单位，同时向被背书单位交验有关证件，以便被背书单位查验。被背书单位对收受的银行本票应认真进行审查，其审查内容与收款单位审查内容相同（图 8-16）。

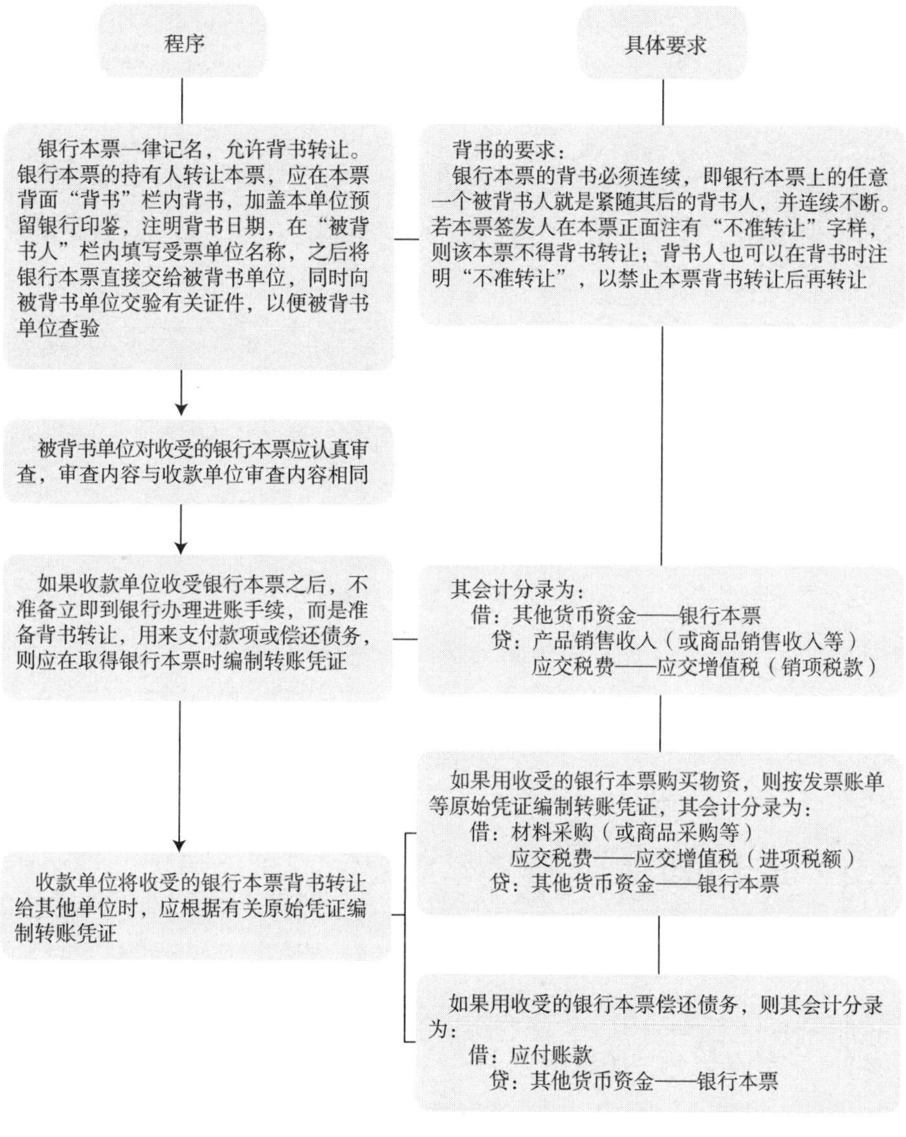

图 8-16 银行本票背书转让的程序及要求

8.3.8 银行本票退款的办理

银行本票见票即付，其流动性极强，银行不予挂失。一旦遗失或被窃，被人冒领款项，后果由银行本票持有人自负。所以银行本票持有人必须像对待现金那样，认真、妥善地保管银行本票，防止遗失或被窃。银行本票退款的办理如图 8-17 所示。

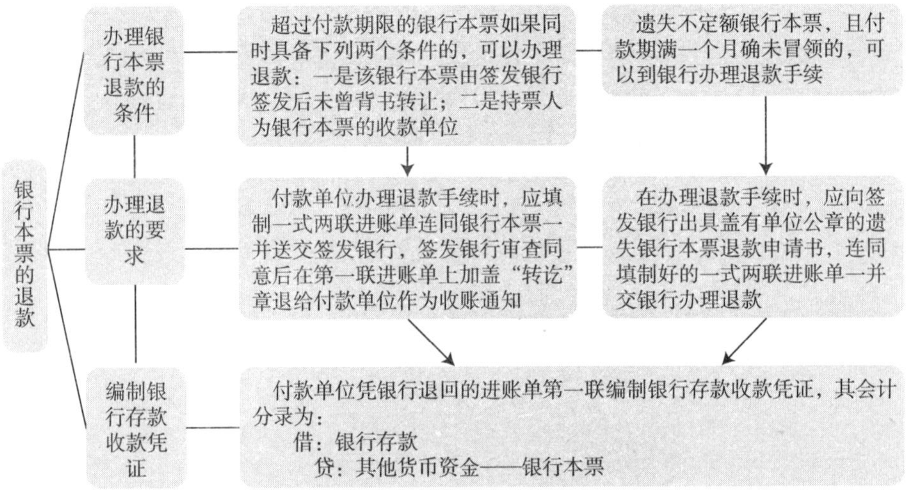

图 8-17 银行本票的退款

8.4 支付手段三——汇兑结算方式

8.4.1 汇兑结算方式的概念

汇兑，是汇款人委托银行将款项汇给外地收款人的一种结算方式。汇兑适用于异地单位、个体经营户和个人各种款项的结算。汇兑可分为信汇和电汇两种（表 8-4），由汇款人自行选择。

表 8-4 汇兑结算方式的种类

分类依据	种类	概念	凭证的填写
划转款项的不同方法及传递方式	信汇	汇款人向银行提出申请，同时交存一定金额及手续费，汇出行将信汇委托书以邮寄方式寄给汇入行，授权汇入行向收款人解付一定金额的一种汇兑结算方式	汇款单位出纳人员应填制一式四联“信汇凭证”，第一联为“回单”，是汇出行受理信汇凭证后给汇款人的回单；第二联为“支款凭证”，是汇款人委托开户银行办理信汇时转账付款的支付凭证；第三联为“收款凭证”，是汇入行将款项收入收款人账户后的收款凭证；第四联为“收账通知或取款收据”，是给直接记入收款人账户后通知收款人的收款通知，或不直接记入账户的收款人凭以领取款项的取款收据
	电汇	汇款人将一定款项交存汇款银行，汇款银行通过电报或电传给目的地的分行或代理行（汇入行），指示汇入行向收款人支付一定金额的一种汇款方式	电汇凭证一式三联，第一联为“回单”，是汇出行给汇款人的回单；第二联为“支款凭证”，为汇出银行办理转账付款的支款凭证；第三联为“发电依据”，汇出行凭此向汇入行拍发电报

8.4.2 汇兑结算的基本规定

起点没有限制。汇兑结算不受金额起点的限制，不论汇款金额多少均可以办理信汇和电汇结算。汇总结算的基本要求如图 8-18 所示。

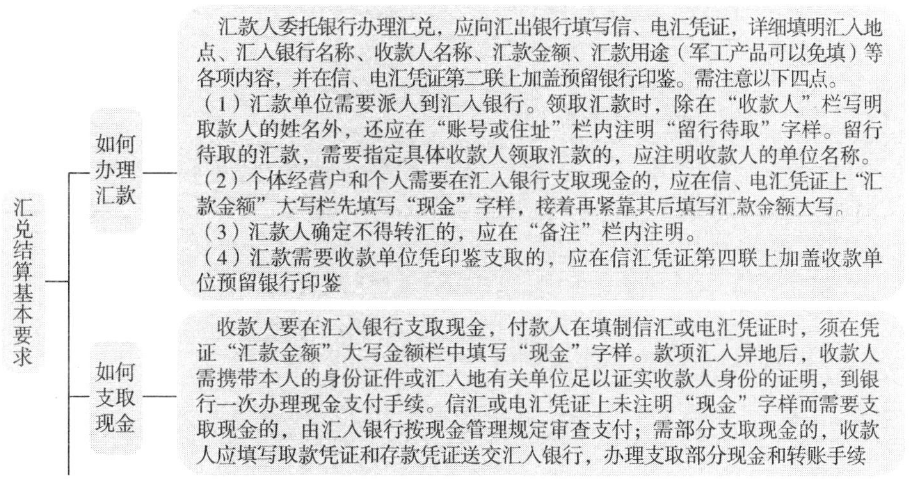

图 8-18

汇兑结算基本要求

- **如何领取汇款**

  汇入银行对开立账户收款单位的款项应直接转入收款单位的账户。

  （1）如对方汇款是用来偿付旧欠，则收款单位收款凭证的会计分录为：

  借：银行存款　×××

  　贷：应收账款　×××

  （2）若属于对方单位为购买本单位产品而预付的货款，则收款凭证的会计分录为：

  借：银行存款　×××

  　贷：预收账款　×××

  （3）若待实际发货时，再根据有关原始凭证编制转账凭证，则其会计分录为：

  借：预收货款　×××

  　贷：产品销售收入（或商品销售收入等）　×××

  （4）如果款到即发货，则可直接编制收款凭证，其会计分录为：

  借：银行存款　×××

  　贷：产品销售收入（或商品销售收入等）　×××

- **如何将汇款留行待取**

  汇款人将款项汇往异地需派人领取的，在办理汇款时，应在签发的汇兑凭证各联的“收款人账号或地址”栏注明“留行待取”字样。留行待取的汇款，需要指定单位的收款人领取汇款的，应注明收款人的单位名称。信汇凭印鉴支取的，应在第四联凭证上加盖预留的收款人印鉴。款项汇入异地后，收款人须携带足以证明本人身份的证件，或汇入地有关单位足以证实收款人身份的证明向银行支取款项。如信汇凭印鉴支取的，收款人必须持与预留印鉴相符的印章，经银行验对无误后，方可办理支款手续

- **如何分次支取**

  收款人接到汇入银行的取款通知后，若收款人需要分次支取的，要向汇入银行说明分次支取的原因和情况，经汇入银行同意，以收款人名义设立临时存款账户，该账户只付不收，结清为止，不计利息

- **如何转汇**

  收款人如需将汇款转到另一地点，应在汇入银行重新办理汇款手续。转汇时，收款人和用途不得改变，汇入银行必须在信汇或电汇凭证上加盖“转汇”戳记

- **如何退汇**

  汇款人对汇出款项要求退汇时，应出具正式函件，说明要求退汇的理由或本人身份证明和原信、电汇凭证回单，向汇出银行办理退汇。汇出银行审查后，通知汇入银行，经汇入银行查实款项确未解付，方可办理退汇。如汇入银行回复款项已解付或款项已直接汇入收款人账户，则不能办理退汇。此外，汇入银行对收款人拒绝接受的汇款，应立即办理退汇。汇入银行对从发出取款通知之日起，两个月内仍无法交付的款项，可主动办理退汇。

  汇款单位根据银行退回的信、电汇凭证第一联，根据不同情况编制记账凭证。如果汇款单位用汇款清理旧欠，其会计分录为：

  借：应付账款——××单位　×××

  　贷：银行存款　×××

  如果汇款单位是为购买对方单位产品而预付货款，其会计分录为：

  借：预付账款　×××

  　贷：银行存款　×××

  若汇款单位将款项汇往采购地，在采购地银行开立临时存款户，其会计分录为：

  借：其他货币资金——外埠存款　×××

  　贷：银行存款　×××

图 8-18　汇兑结算的基本要求

8.4.3 汇兑结算的基本程序

汇兑结算分为信汇结算程序和电汇结算程序两种，其具体的程序如图 8-19 所示。

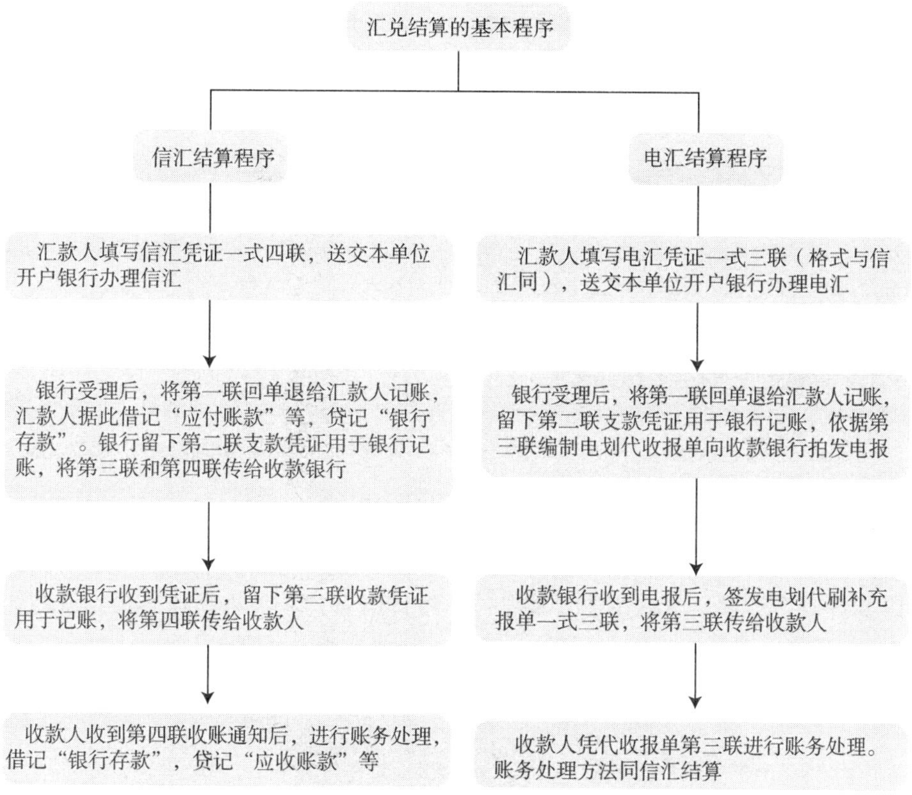

图 8-19　汇兑结算的基本程序

8.4.4　同城汇兑结算的办理

以上所述汇兑结算仅限于异地结算，为了方便同城主动汇付款项，银行特制了一种叫“贷记凭证”的结算凭证来办理同城汇兑。

贷记凭证由付款人签发并交银行转付款项。该凭证一式四联，一次填写。其中第一联由付款人留存作记账凭据，借记有关账户，贷记“银行存款”；第二联给付款人开户银行作为划付款项的凭据和借记凭证，付款人在此联加盖预留银行印鉴章；第三联给收款人开户银行作为划转款项的凭据和贷方凭证；第四联则作收款人收账通知，收款人开户银行应在此联盖章后再传给收款人，收款人则凭以借记“银行存款”，贷记有关账户。

8.5 支付手段四——银行汇票结算方式

8.5.1 银行汇票结算的概念

银行汇票，就是汇款人将款项交存本地银行，由银行签发给汇款人持往异地办理转账结算或支取现金的票据。凡在银行开立账户的单位、个体经营户和未在银行开立账户的个人，都可向银行申请办理银行汇票，而且也都可以受理银行汇票。它适用于异地单位、个体经营户、个人之间需要支付的各种款项。银行汇票的特点如图 8-20 所示。

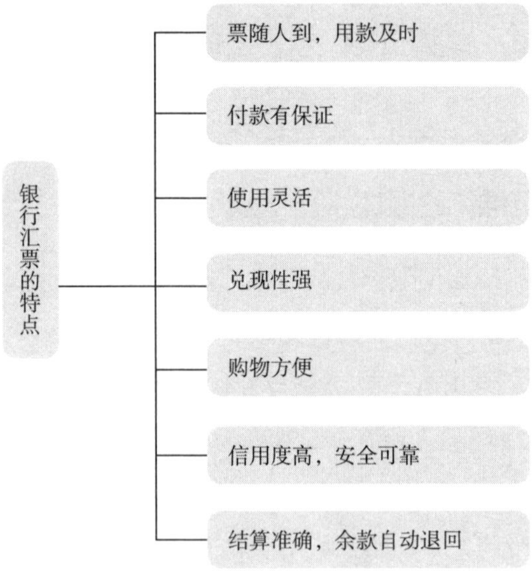

图 8-20　银行汇票的特点

8.5.2 银行汇票结算程序

银行汇票付款期限为自出票日起 1 个月。一般来说，银行汇票结算大致可分为申办银行汇票、持票结算、兑付款项和结清余额四个阶段。银行汇票结算的步骤如图 8-21 所示。

8.5.2.1 申办银行汇票

汇款人办理银行汇票时，应先填写“银行汇票委托书”一式三联，送本单位开户银行申请办理签发银行汇票（本单位开户银行不能办理银行汇票的，应将款项转交附近签发银行汇票的银行办理，未在该银行开户的应同时交付现金），银行受理后，收妥款项，签发银行汇票一式四联，将第二联汇票和第三联解汇通知等交给汇款人。申请人或收款人为单位的，不得在“银行汇票申请书”上填明“现金”字样。

8.5.2.2 持票结算

汇款人在汇款金额内，根据实际需要的款项办理结算，并将实际结算金额和多余金额准确、清晰地填入银行汇票和解汇通知的有关栏内，交给收款人。

8.5.2.3 兑付款项

收款人持银行汇票和解汇通知，并填写进账单一式二联，一并送本单位开户银行办理入账手续。

8.5.2.4 结清余额

收款人按实际结算金额办理入账后，银行将多余款项转给汇款人，由汇款人收回余款。

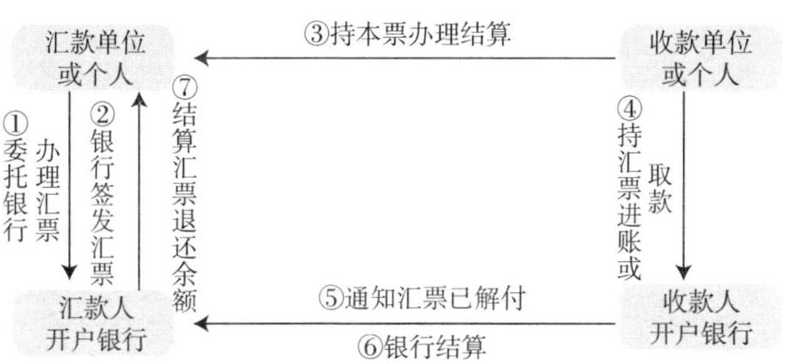

图 8-21 银行汇票结算的基本程序

8.5.3 银行汇票结算的基本规定

办理银行汇票结算时，要遵守以下的基本规定（图 8-22）。

银行汇票结算的基本规定

- 银行汇票一律记名。汇款人申请办理银行汇票时，应在填写的“银行汇票委托书”上详细填明兑付地点、收款人名称、账号、用途等项内容。能确定收款人的，需详细填明单位、个体经济户名或个人姓名。如不能确定，应填写汇款人指定人员的姓名
- 银行汇票金额起点为500元
- 银行汇票的付款期为1个月（不分大月、小月一律按次月对应日计算，到期日遇节假日顺延）。逾期的银行汇票，兑付银行不予受理
- 汇款人持银行汇票可向填明的收款单位或个体经济户直接办理结算，收款人为个人的也可将转账的银行汇票经背书向兑付地单位或个体经济户办理结算
- 在银行开立账户的收款人或被背书人受理银行汇票之后，在汇票背面加盖预留银行印鉴章，连同解讫通知、进账单，送交开户银行办理转账。没有在银行开立账户的收款人持银行汇票向银行支取款项时，必须交验本人身份证或兑付地有关单位能够证实收款人身份的证明，并在银行汇票背面盖章或签字，注明证件名称、号码及发证机关后，才能办理支取手续
- 支取现金的规定。收款人若需要在兑付地支取现金的，汇款人在填写“银行汇票委托书”时，须在“汇款金额”大写金额栏先填写“现金”字样，后填写汇款金额
- 分次支取的规定。收款人持银行汇票向银行支取款项时，若分次支取，应以收款人的姓名开立临时存款户办理支付，临时存款户只付不收，付完清户，不提计利息
- 转汇的规定。银行汇票可转汇，可委托兑付银行重新签发银行汇票，但转汇的收款人和用途必须是原收款人和用途，兑付银行必须在银行汇票上加盖“转汇”戳记，已转汇的银行汇票，必须以原金额兑付
- 退汇的规定。汇款人由于在银行汇票超过付款期或其他原因要求退款时，可持银行汇票和解讫通知到签发银行办理退汇
- 挂失的规定。持票人若遗失了填明“现金”字样的银行汇票，应立即向兑付银行或签发银行请求挂失。在银行受理挂失前（包括对方行收到挂失通知前）被冒领，银行一律不负责。若遗失了填明收款单位或个体经济户名称的汇票，银行不予挂失，可通知收款单位或个体经济户、兑付银行、签发银行请求共同防范。遗失的银行汇票在付款期满后1个月内，确未冒领的，可办理退汇手续

图 8-22 银行汇票结算的基本规定

8.6 支付手段五——商业汇票结算方式

8.6.1 商业汇票的概念

商业汇票，是收款人或付款人（或承兑申请人）签发，由承兑人承兑，并于到期日向收款人或被背书人支付款项的票据。商业汇票适用于在银行开立账户的法人之间，按照购销合同先发货后收款或延期付款的商品交易，不管是同城还是异地，其款项结算都可使用商业汇票的结算方式。商业汇票分为商业承兑汇票和银行承兑汇票（图 8-23）。

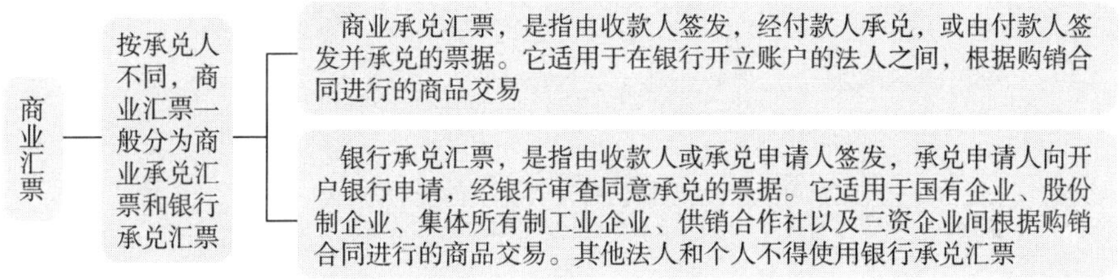

图 8-23　商业汇票的种类

商业汇票结算的特点见表 8-5。

表 8-5　商业票据结算的特点

适用范围较窄	各企业单位之间只有根据购销合同进行合法的商品交易，才能签发商业汇票。除商品交易以外，其他方面的结算，如劳务报酬、债务清偿、资金借贷等，不应采用商业汇票结算方式
使用对象较少	商业汇票的使用对象是在银行开立账户的法人。使用商业汇票的收款人、付款人以及背书人、被背书人等必须同时具备以下两个条件：在银行开立账户，具有法人资格

续表

必须经过承兑才具有效力	只有经过承兑的商业汇票才具有法律效力，承兑人负有到期无条件付款的责任。商业汇票到期，因承兑人无款支付或其他合法原因，债务人不能获得付款时，可以按照汇票背书转让的顺序，向前手行使追索权，依法追索票面金额；该汇票上的所有关系人都应负连带责任。商业汇票的承兑期限由交易双方商定，一般为 3 ~ 6 个月，最长不得超过 9 个月，属于分期付款的应一次签发若干张不同期限的商业汇票

8.6.2 商业汇票结算的程序

商业汇票按照承兑人的不同，分为商业承兑汇票和银行承兑汇票，它们之间的结算程序也有一定的不同。

8.6.2.1 商业承兑汇票的结算程序

商业承兑汇票的结算程序如图 8-24 所示。

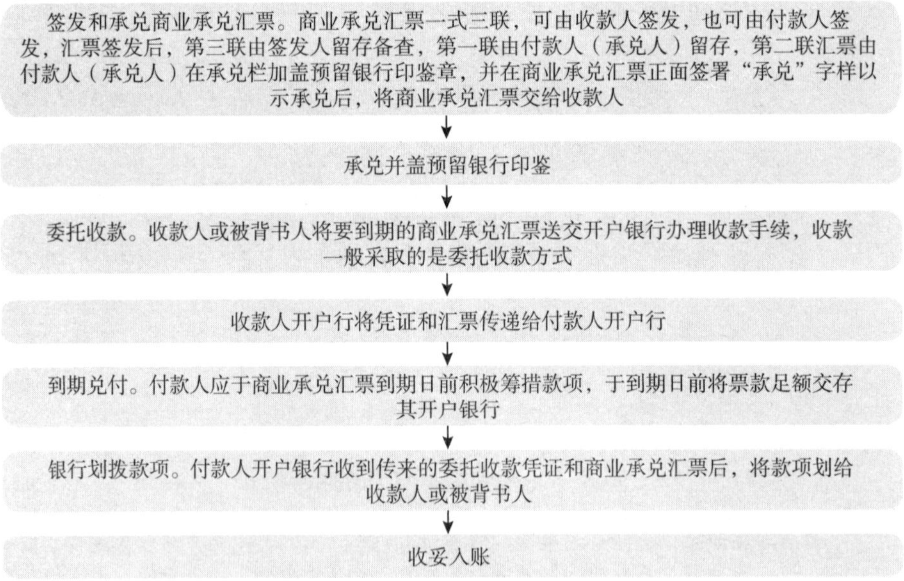

图 8-24　商业承兑汇票的结算程序

8.6.2.2 银行承兑汇票结算程序

银行承兑汇票结算程序如图 8-25 所示。

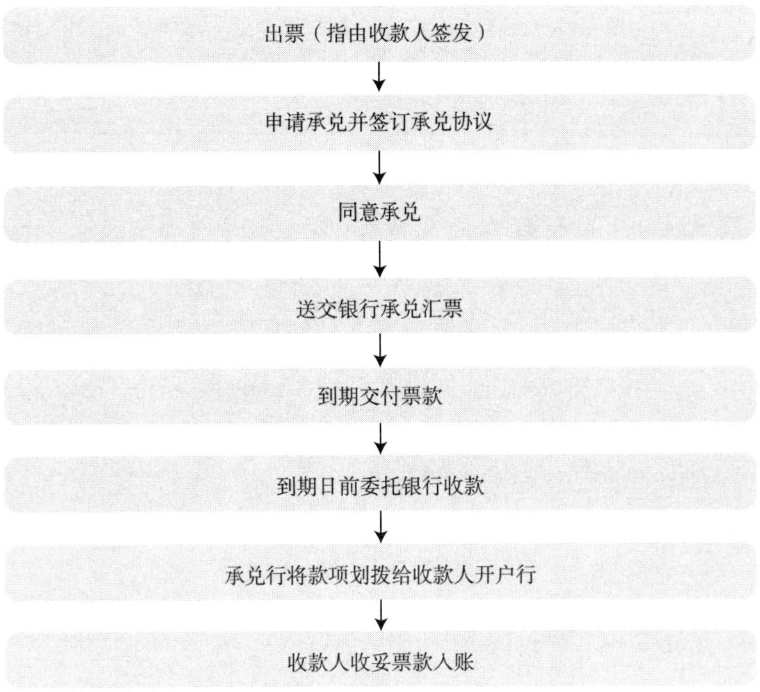

图 8-25 银行承兑汇票结算程序

银行承兑汇票结算程序如图 8-26 所示。

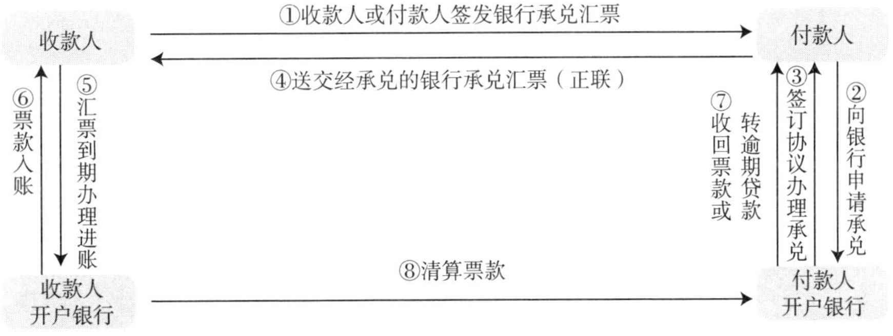

图 8-26 银行承兑汇票结算程序

8.6.3 商业汇票结算的注意事项

在进行商业汇票结算时，还需要注意以下的问题（图 8-27）。

商业汇票结算的基本规定

- 商业汇票一律记名，允许背书转让。签发人或承兑人在汇票正面记明“不得转让”字样的商业汇票，不得背书转让。否则，签发人或承兑人对被背书人不负保证付款的责任
- 商业汇票有一定的承兑期限。商业汇票的承兑期限，由交易双方商定，但最长不超过六个月。如需分期付款，应一次签发若干张不同期限的汇票，也可按供货进度分次签发汇票
- 无款支付的规定。商业承兑汇票到期，付款人账户存款不足而不能支付票款时，如果属于异地办理委托收款的，由付款人开户银行在委托收款凭证备注栏注明付款人“无款支付”字样，按照委托收款结算无款支付手续处理，将委托收款凭证和商业承兑汇票退回收款人开户银行。如果属于同城用进账单划款的，比照空头支票退票处理。同时，银行按照商业承兑汇票的票面金额处以5%但不低于1000元的罚款，同时处以2%赔偿金给收款人。银行承兑汇票到期，付款人账户无款支付或不足支付时，银行除凭票向收款人无条件支付款项外，将根据承兑协议对付款人执行扣款
- 使用商业汇票的单位必须是在银行开立账户的企业法人
- 签发商业汇票应以商品交易为基础，禁止签发、承兑、贴现无商品交易的商业汇票，严禁利用商业汇票套取银行贴现资金
- 商业承兑汇票的办理方法。商业承兑汇票的收款人或被背书人，对在同一城市的付款人承兑的汇票，应于汇票到期日将汇票送交银行办理收款，对在异地的付款人承兑的汇票，应于汇票到期日前5天内，将汇票交开户银行办理收款。对逾期的汇票，应于汇票到期日次日起10天内，将汇票送交开户银行办理收款。超过期限，银行不予受理。办理商业承兑汇票收款时，均需填制委托收款凭证，并在“委托收款货物名称栏”注明“商业承兑汇票”及汇票号码，将汇票随托收凭证一并送交开户银行
- 收款人在商业承兑汇票审查中应注意以下问题。
  （1）是否为中国人民银行统一印制的商业承兑汇票。
  （2）汇票的签发和到期日期、收付款单位的名称（必须是全称）和账号及开户银行、大小写金额等栏目是否填写齐全正确。
  （3）汇票上的签章（签发人处应加盖签发单位的法人印章，承兑人盖章处盖付款人预留银行印章并填写承兑的日期）是否齐全正确。
  （4）汇票是否超过有效承兑期限（最长为6个月，但应注意的是：有效期是从承兑日开始计算，而不是从汇票的签发日开始）。
  （5）汇票上有无批注“不得转让”的字样。经转让的汇票，背书是否连续（每一手的背书人是否为前一手的被背书人或收款人），背书的签章是否正确（是否为单位公章、财务专用章）

图 8-27 商业汇票结算方式

8.7 支付手段六——信用卡结算方式

8.7.1 信用卡结算方式的概念

信用卡，是指由银行或专营机构签发，可在约定银行或部门存取现金、购买商品及支付劳务报酬的一种信用凭证。持卡人可在同城和异地凭卡支取现金、转账结算和消费信用等。信用卡的结算方式如图 8-28 所示。

信用卡的种类

- 信用卡按使用对象分为单位卡和个人卡，单位卡是指商业银行向企业、事业单位、学校、机关、团体、部队等单位发行的信用卡，其使用对象为单位；个人卡是指商业银行向个人发行的信用卡，其使用对象为个人
- 信用卡按信用等级分为金卡和普通卡。一般而言，金卡的持卡人善意透支时透支的金额大于普通卡持卡人的透支金额

图 8-28　信用卡结算方式

8.7.2 信用卡的申领与使用

根据《支付结算办法》的规定，单位卡和个人卡的申请与使用不尽相同，具体的规定见表 8-6。

表 8-6　信用卡的申领与使用

	单位卡	个人卡
申领	凡申领单位卡的单位，必须在中国境内金融机构开立基本存款账户，并按规定填制申请表，连同有关资料一并送交发卡银行。该单位符合条件并按银行要求交存一定金额的备用金以后，银行为申领人开立信用卡存款账户，并发给信用卡。单位卡可以申领若干张，持卡人资格由申领单位法定代表人或其委托的代理人书面指定和注销	凡具有完全民事行事能力的公民可申领个人卡。个人卡的主卡持卡人可为其配偶及年满 18 周岁的亲属申领附属卡，申领的附属卡最多不超过两张，也有权要求注销其附属卡

续表

	单位卡	个人卡
使用	在单位卡的使用过程中，其账户的资金一律从其基本存款账户转账存入，不得交存现金，不得将销货收入的款项存入其账户。单位卡的持卡人不得用于10万元以上的商品交易、劳务供应款项的结算，并一律不得支取现金。如果需要向其账户续存资金的，单位卡的持卡人必须按前述转账方式转账存入	

8.7.3 信用卡在消费中的结算程序

持卡人持信用卡在特约单位购物消费时，应按图8-29所示程序进行。

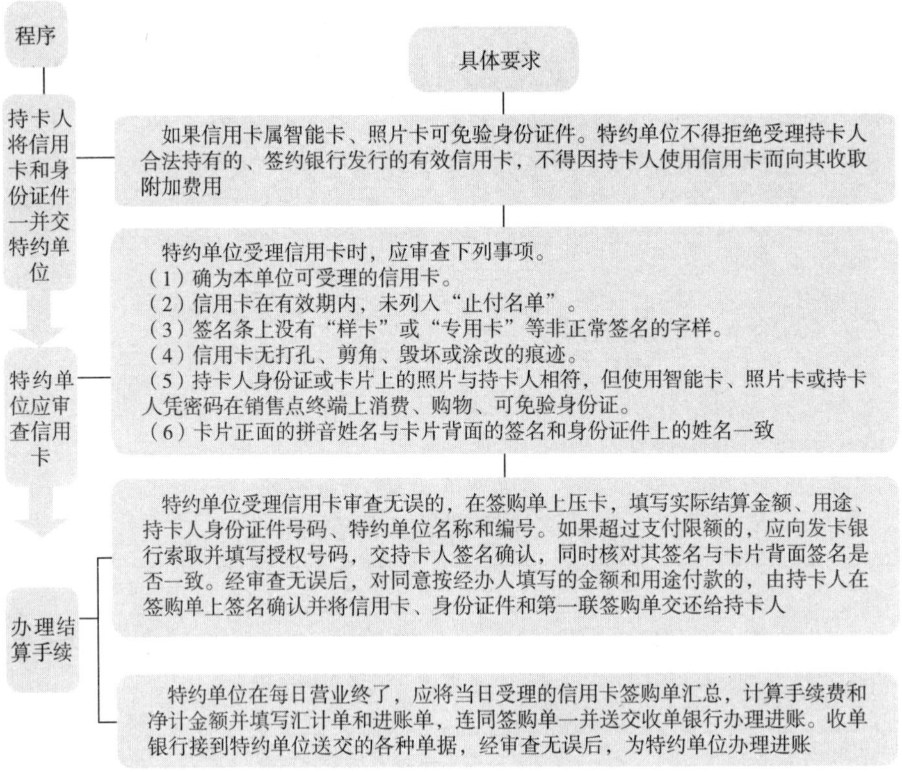

图8-29　信用卡在消费中的结算程序及要求

8.7.4 信用卡的透支、销户及挂失的办理

《支付结算办法》对信用卡的透支、销户及挂失都有详细的规定，详见图 8-30。

信用卡的透支、销户及挂失

- **信用卡的透支**
  - 信用卡的持卡人在信用卡账户内资金不足以支付款项时，可在规定的限额内透支，并在规定期限内将透支款项偿还给发卡银行。但是，如果持卡人进行恶意透支的，即超过规定限额或规定期限，并经发卡银行催收无效的，持卡人必须承担相应的法律责任
  - 信用卡透支额，金卡最高不得超过1万元，普通卡最高不得超过5000元。信用卡透支期限最长为60天。关于信用卡透支的利息，依《支付结算办法》的规定，自签单日或银行记账日起15日内按日息0.5‰计算，超过15日按日息1‰计算，超过30日或透支金额超过规定限额的，按日息1.5%计算。透支计息不分段，按最后期限或最高透支额的最高利率档次计息
- **信用卡的销户**
  - 持卡人不需要继续使用信用卡的，应持信用卡主动到发卡银行办理销户。持卡人办理销户时，如果账户内还有余额，属单位卡的，则应将该账户内的余额转入其基本存款账户，不得提取现金；个人卡账户可以转账结算，也可以提取现金
  - 持卡人透支后，还清透支利息后，在下列情况下可销户。
（1）信用卡有效期满45天后，持卡人不更换新卡的。
（2）信用卡挂失满45天后，没有附属卡，不更换新卡的。
（3）信用卡被列入止付名单，发卡银行已收回其信用卡45天的。
（4）持卡人死亡，发卡银行已收回其信用卡45天的。
（5）持卡人要求销户或担保人撤销担保，并已交回全部信用卡45天的。
（6）信用卡账户两年以上未发生交易的。
（7）持卡人违反其他规定，发卡银行认为应取消资格的。
发卡银行办理销户，应当收回信用卡。有效信用卡无法收回的，应当将其止付
- **信用卡的挂失**
  - 信用卡丢失后，持卡人应立即持本人身份证件或其他有效证明，并按规定提供有关情况，向发卡银行或代办银行申请挂失。发卡银行或代办银行审核后办理挂失手续
  - 因持卡人不及时办理挂失手续而造成损失的，应自行承担该损失；如果持卡人办理了挂失手续而因发卡银行或代办银行的原因给持卡人造成损失的，则应由发卡银行或代办银行承担该损失

图 8-30 信用卡的透支、销户及挂失

8.7.5 信用卡使用需注意的问题

信用卡持有者在使用过程中应注意以下问题。

（1）单位账户的资金一律从基本存款账户转账存入，不得交存现金，不得将销货收入的款项存入其账户。

（2）信用卡仅限于合法持卡人本人使用，持卡人不得出租或转借信用卡。

（3）单位信用卡不得用于10万元以上的商品交易、劳务供应款项的结算。

（4）持卡人带卡购物，消费时需将信用卡和身份证一并交特约单位并在签购单上签 名确认。

（5）特约单位不得通过压卡、签单和退货等方式支付持卡人现金。

（6）单位卡一律不得支取现金。

（7）信用卡透支额，金卡最高不得超过10000元，普通卡量高不得超过5000元，透支期限最长60天。

（8）持卡人不得恶意透支——指持卡人超过规定限额或规定期限，并经发卡银行催收无效的透支行为。

（9）持卡人不需要继续使用信用卡的，应持信用卡主动到发卡银行办理销户。销户时，单位卡账户余额转入其基本存款账户，不得提取现金。

9 出纳纠错
——有过改之，无则加勉

● 内容概览

俗话说：马有失蹄，人有失足。出纳工作的性质决定了它必须做到准确无误，同时由于出纳工作本身的琐碎，不可避免地会出现一些错误和失误。错误在一定阶段和范围内都是可以补救的，我们需要做的便是：吃一堑，长一智；不在同一个地方跌倒第二次。因此，对于错误的经验教训总结是必要的，通过从错误中学习，提升自己的业务能力以及职业素质。

接下来，我们就在各种“错误”中寻找正确的补救方法，在出纳工作中，你可注意了，要尽量减少错误的发生。

9.1 在哪些方面容易失足——出纳工作的常见错弊

出纳工作琐碎而繁复，不可避免地会出现一些错弊，主要表现在以下五个方面。

9.1.1 错款和失款

错款，是指当日终了或经过一段时间，库存现金的实存数和账存数的差额。失款，是指办完收付款后，发现现金实存数少于现金账存数的现象，这是出纳工作中常见的两种错误类型（图 9-1）。

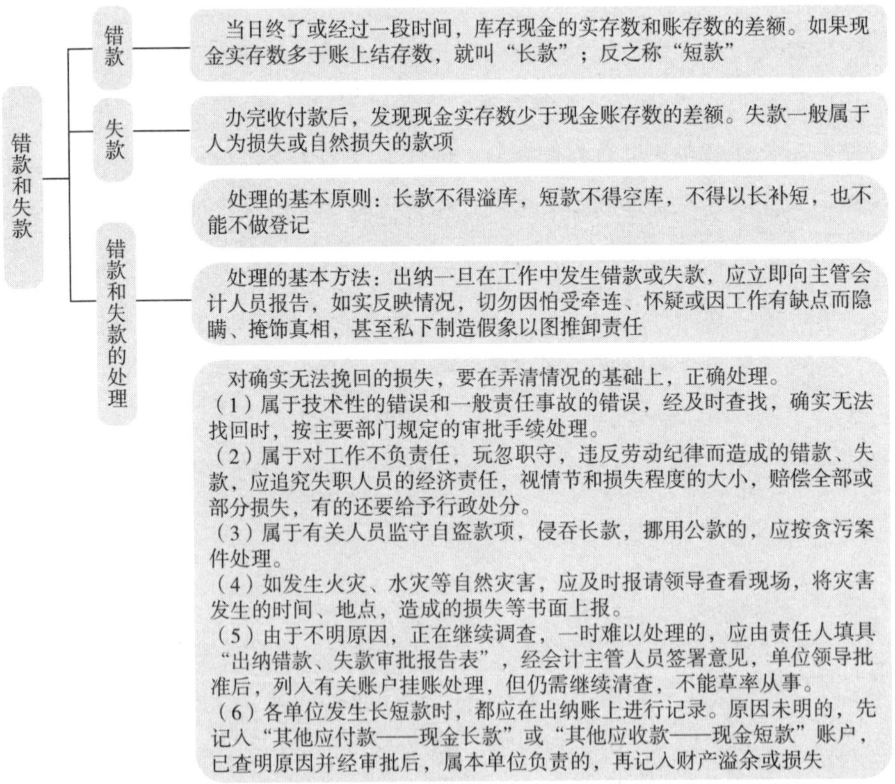

图 9-1 错款和失款

9.1.2 收付款差错

在出纳工作实务中，收付款差错是最常见的错误，产生这些错误的主要原因见图 9-2。

收付款差错产生的原因

- 收款中造成差错的原因
  - （1）一笔款未收完，又接着收第二笔，搞乱缴款者的款项。
  - （2）收款清点完毕，对券别加总数时不认真复核，以致发生加错金额、看错券别、看错大数、点错尾数等。
  - （3）桌子上的现金没收拾干净又收第二笔，或收入现金的抽屉里的分格箱没有放好，把自己的款与他人的款混淆在一起，误作长款退给他人。
  - （4）初点不符，复点相符，不再做第三次核实，实际有误做无误收下。
  - （5）缴款者交来的现金零乱，只凭出纳人员初次清查计算的数目为准。
  - （6）忘记将应找补的现金还给缴款者。
  - （7）清点10张或20张的折叠钞票，只点平版的9张或19张，忽视了折起来的那张。
  - （8）手工清点现金时贪快，有夹杂其中的不同票面额的票币未能发现。
  - （9）用机器点完一把钞票，捆扎，没有看清接钞台上是否仍留有人民币，或人民币被卷入输送带未发现，以致产生一把多、一把少的现象
- 付款中造成差错的原因
  - （1）备用金的放置不定位，配款时取错券别，既不细看，又不复核，随手付出，或者凭证连同款项一起交给了收款人。
  - （2）小沓折叠钞票，每沓不固定，有10张一沓，有20张一沓，付出时不复点。
  - （3）未看清凭证上所列的付款金额数，粗心大意，随手付出。
  - （4）贪图方便，付款时不用计算器加计券别，单靠心算，以致出错

图 9-2 收付款差错产生的原因

收付款中常见的差错如图 9-3 所示。

收付款中常见的差错

- 看错凭证的金额位数，或将金额颠倒看错，如把元看成角、分，把69看成96等
- 凭证大、小写金额不一致，未严格复核，就按大写（或小写）金额收款或付款
- 一笔收款（或付款）有若干张凭证，加计总数时没有认真进行复核，为图省事，不使用计算器，总金额计算有误
- 在收款、付款中有抵收抵付的现金凭证，在计算扣减时未认真复核，以致计算错误
- 违背收款、付款操作规则，没有及时在凭证上加盖“收讫”或“付讫”专用章，以致发生重付、少收
- 没有及时登记“现金日记账”或不慎将凭证遗失
- 去银行提现金或收取外单位（个人）大额款项，未能核对查实就予以签收，造成错款
- 将外币与人民币混放，造成错收错付
- 出纳人员之间工作移交时未办理交接手续或交接手续不清而发生差错

图 9-3 收付款中常见的差错

9.1.3 记账凭证中常见错弊

记账凭证中常见错弊的种类较多，具体如图 9-4 所示。

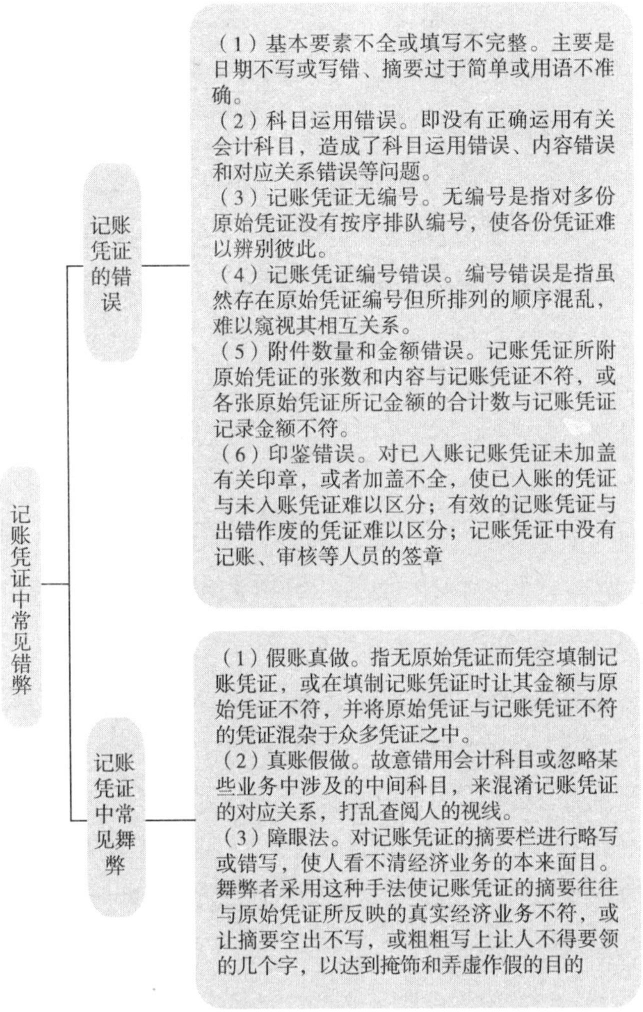

图 9-4　记账凭证中常见错弊

9.1.4 账簿中的常见错弊

账簿中的常见错弊如图 9-5 所示。

- 账簿中的常见错弊
  - 账簿中的常见错误（主要存在于启用、设置、登记、结账等环节）
    - 启用错误
      - （1）在账簿封面上未写明单位名称和账簿名称。
      - （2）在账簿扉页上未附“启用表”，或虽附有“启用表”，但所列内容不齐全、不完整。
      - （3）会计人员调动工作时，未按规定在账簿中注明交接人员、监交人员的姓名或未加签章，无法明确有关责任。
      - （4）启用订本式和活页式账簿时，未按规定编订页数等
    - 设置错误
      - （1）账簿形式设计不合理。包括装订形式、账页的尺寸、账页划线、印刷颜色及账页用纸等不合理。
      - （2）账簿设计不齐全。实践中主要有以下情况。
        - ①未设置应有的总账。
        - ②未设置应有的明细账或明细账的分类不合理。
        - ③未设置必须的备查簿或设置项目不全等。
        - ④所设置的账簿未能很好地形成一个账簿体系
    - 登记错误
      - （1）登记的方式不合理。实际中存在所采用的核算形式、登记总账的依据不合理、不能满足生产经营管理需要的问题。
      - （2）账簿摘要不合理。一是摘要过于简略或表达不清；二是摘要所反映的经济业务不合理、不合法。
      - （3）登记不及时。
      - （4）账簿中书写的文字和数字所留空距不合理。
      - （5）登记账簿所用笔墨不合要求。
      - （6）登记中发生跳行、隔页的情况。
      - （7）未按规定结出账簿中账户的余额
  - 账簿中的常见舞弊
    - （1）无据记账，凭空记账。账簿中所列的业务是凭空捏造的，或在合法的凭证中插入一些不合法的业务内容。
    - （2）涂改、销毁、“遗失”、损坏账簿。如用类似涂改凭证的方法来篡改有关账簿，或制造事故造成账簿不慎被毁的假象。
    - （3）设置账外账。一个企业建立两套或三套账，一套用于内部管理，一套用于应付外来部门的检查，或根据需要做出对外公布的一套账。
    - （4）登账、挂账、改账、结账作假。
      - ①登账作假，就是随意改动业务内容，或故意使用错误账户，使借贷方科目弄错，混淆业务应有的对应关系。
      - ②挂账作假，就是利用往来科目和结算科目将经济业务不结清到位而是挂在账上，或将有关资金款项挂在往来账上，待时机成熟再回到账中，以隐藏事实真相。
      - ③改账作假，就是对账簿记录中的错误不按规定改错办法，而用非规范的方法改错，或利用红字“改错”随意对账户中的记录进行加减处理，如用红字改变库存数、冲销材料成本差异数、无据减少销售数额等。
      - ④结账作假，就是在结账及编制报表的过程中，通过提前或推迟结账、结总增列或结总减列和结账空转等手法故意多加或减少数据，虚列账面金额；或者为了人为地把账做平，而故意调节账面数据

图 9-5 账簿中的常见错弊

9.1.5 应收账款中的错弊

应收账款中的常见错弊见表9-1。

表9-1 应收账款中的常见错弊

应收账款中的错弊	说明
应收账款的回收期过长	应收账款的回收期指应收账款从形成到收回之间的时间间隔，一般来说回收期越短，说明资金的周转速度越快，有利于提高企业的经济效益；反之，企业的资金周转速度越慢，越不利于提高企业的经济效益，甚至会影响企业生产或经营活动的正常进行
应收账款平均余额过大	应收账款平均余额数值越大，越不利于加快资金的周转，不利于企业提高经济效益
应收账款周转率不理想	应收账款周转率，是一定时期内商品或产品赊销净额与应收账款平均余额的比率。它可以用应收账款周转次数表示，也可以将次数换算成天数来表示。一定时期内周转的次数越多或周转一次需要的天数越少，应收账款的周转率就越理想
列作应收账款的经济事项不合理，不真实、不合法等	列作应收账款的经济业务，必须是真实正确地销售商品或产品、材料等或计提劳务后应收而尚未收取货款或劳务费的业务
对坏账损失的会计处理方法不合理	对坏账损失的会计处理方式主要有备抵法和直接转销法两种。 （1）备抵法。即企业按期预估可能产生的坏账损失，单列入当期费用，形成坏账准备，当实际发生坏账损失时再冲销坏账准备和应收账款。 （2）直接转销法。即企业平时不预估形成坏账准备，当实际发生坏账损失时直接从应收账款中转销列作费用。 按照现行财务制度规定，企业既可以采用备抵法，也可以采用直接转销法。但所采用的方法必须符合本企业的实际情况，即如果企业发生坏账损失很不均衡，且金额较大，就采用备抵法，否则，可采用直接转销法

9.2 知错便改——如何纠错

9.2.1 查错的方法

在日常的会计核算中，发生差错的现象时有发生。如果发现错误，采取的措施有：一是要确认错误的金额；二是要确认错在借方还是贷方；三是根据差错产生的具体情况，分析可能产生差错的原因，采取相应的查找方法，便于缩短查找差错的时间，减少查账工作量。

查找错误的方法有很多，现将常用的几种方法介绍如下。

9.2.1.1 顺查法

顺查法，又称正查法，是按照账务处理的顺序，从原始凭证、账簿、编制会计报表全部过程进行查找的一种方法。即首先检查记账凭证是否正确，然后将记账凭证、原始凭证同有关账簿记录一笔一笔地进行核对，最后检查有关账户的发生额和余额。

这种检查方法，可以发现重记、漏记、错记科目、错记金额等。这种方法的优点是查的范围大，不易遗漏；缺点是工作量大，需要的时间比较长。所以在实际工作中，一般是在采用其他方法查找不到错误的情况下采用这种方法。

9.2.1.2 逆查法

逆查法，又称作反查法，它与顺查法相反，是按照账务处理的顺序，从会计报表、账簿、原始凭证的过程进行查找的一种方法。即先检查各有关账户的余额是否正确，然后将有关账簿按照记录的顺序由后向前同有关记账凭证或原始凭证进行逐笔核对，最后检查有关记账凭证的填制是否正确。

这种方法的优缺点与顺查法相同。所不同的，是根据实际工作的需要，对由于某种原因造成后期产生差错的可能性较大而采用的。

9.2.1.3　抽查法

抽查法，是对整个账簿记账记录抽取其中某部分进行局部检查的一种方法。当出现差错时，可根据具体情况分段、重点查找，将某一部分账簿记录同有关的记账凭证或原始凭证进行核对。还可以根据差错发生的位数有针对性地查找。如果差错是角、分，只要查找元以下尾数即可；如果差错是整数的千位、万位，只需查找千位、万位数即可，其他的位数就不用逐项或逐笔地查找了。这种方法的优点是范围小，可以节省时间，减少工作量。

9.2.1.4　偶合法

偶合法，就是根据账簿记录差错中经常遇见的规律，推测与差错有关的记录而进行查找的一种方法。这种方法主要适用于漏记、重记、错记的查找。

（1）漏记的查找。

①总账一方漏记。在试算平衡时，借贷双方发生额不平衡，出现差错，在总账与明细账核对时，会发现某一总账所属明细账的借（或贷）方发生额合计数大于总账的借（或贷）方发生额，也出现一个差额，这两个差额正好相等。而且在总账与明细账中有与这个差额相等的发生额，这说明总账一方的借（或贷）漏记，借（或贷）方哪一方的数额小，漏记就在哪一方。

②明细账一方漏记。在总账与明细账核对时发现总账已经试算平衡，但在进行总账与明细账核对时，发现某一总账借（或贷）方发生额大于其所属各明细账借（或贷）发生额之和，说明明细账一方可能漏记，可对该明细账的有关凭证进行查对。

③如果整张的记账凭证漏记，则没有明显的错误特征，只有通过顺查法或逆查法逐笔查找。

（2）重记的查找。

①总账一方重记。在试算平衡时，借贷双方发生额不平衡，出现差错；在总账与明细账核对时，会发现某一总账所属明细账的借（或贷）方发生额

合计数小于该总账的借（或贷）方发生额，也出现一个差额，这两个差额正好相等，而且在总账与明细账中有与这个差额相等的发生额记录，说明总账借（或贷）方重记，哪一方的数额大，重记的就在哪一方。

②如果明细账一方重记，在总账与明细账核对时可以发现。总账已经试算平衡，与明细账核对时，某一总账借（或贷）方发生额小于其所属明细账借（或贷）方发生额之和，则可能是明细账一方重记，可对与该明细账有关的记账凭证进行查对。

③如果整张的记账凭证重记账，则没有明显的错误特征，只能用顺查法或逆查法逐笔查找。

（3）记反账的查找。记反账，是指在记账时把发生额的方向弄错，将借方发生额记入贷方，或者将贷方发生额记入借方。总账一方记反账，则在试算平衡时发现借贷双方发生不平衡，出现差额。这个差额是偶数，能被 2 整除，所得的商数则在账簿上有记录，如果借方大于贷方，则说明将贷方错记为借方；反之，则说明将借方错记为贷方。如果明细账记反了，而总账记录正确，则总账发生额试算是正确的，可用总账与明细账核对的方法查找。

（4）错记账的查找。在实际工作中，错记账是指把数字写错，常见的有以下两种。

①数字错位。即应记的位数不是前移就是后移，即小记大或大记小。如果是大变小，在试算平衡或者总账与明细账核对时，正确数字与错误数字的差额是一个正数，这个差额除以 9 后所得的商与账上错误的数额正好相等。查账时如果差额能够除以 9，所得商恰好是账上的数，则可能是记错了位。如果是小变大，在试算平衡或者总账与明细账核对时，正确数与错误数的差额是一个负数，这个差额除以 9 后所得商数再乘以 10，得到的绝对数与账上错误恰好相等。查账时应遵循：差额负数除以 9，商数乘以 10 的数账上有，可能是记错了位。

②错记。错记是在登记账簿过程中的数字误写。对于错记的查找，可根据由于错记而形成的差数，分别确定查找方法，查找时不仅要查找发生额，同时也要查找余额。

9.2.2 纠错的方法

如果发现账簿记录有错误，应按规定的方法进行更正，不得涂改、挖补或用化学试剂消除字迹。更正错误的方法有三种，见表 9-2。

表 9-2 纠错的方法

种类	适用范围	具体更正方法	注意事项
划线更正法	又称红线更正。如果发现账簿记录有错误，而其所依据的记账凭证没有错误，即纯属记账时文字或数字的笔误，应采用划线更正的方法进行更正	将错误的文字或数字划一条红色横线注销，但必须使原有字迹仍可辨认，以备查考；然后，在划线的上方用蓝字或黑字将正确的文字或数字填写在同一行的上方位置，并由更正人员在更正处盖章，以明确责任	对文字差错可只划错误部分，不必将与错字相关的其他文字划去，对数字差错，应将错误的数额全部划上。若发现账簿记录有错误，应按规定方法更正，不得涂改、挖补或用化学试剂消除字迹
补充登记法	又称蓝字补记。根据记账凭证所记录的内容记账以后，发现记账凭证中应借应贷的会计科目和记账方向都没有错误，记账凭证和账簿记录的金额相吻合，只是所记金额小于应记的正确金额，应采用补充登记法	将少记的金额用蓝字或黑字填制一张与原错误记账凭证所记载的借贷方向、应借应贷会计科目相同的记账凭证，并据以登记入账，以补记少记金额，求得正确金额	补充登记法的应用见案例 9-1
红字更正法	又称红字冲销。在会计上，以红字记录表明对原记录的冲减。适用于两种情况 第一种：根据记账凭证所记录的内容记账后，发现记账凭证中的应借、应贷会计科目或记账方向有错误，且记账凭证同账簿记录的金额相吻合，应采红字更正法	先用红字填制一张与原错误记账凭证内容完全相同的记账凭证，并据以用红字登记入账，冲销原有错误的账簿记录；然后，再用蓝字或黑字填制一张正确的记账凭证，据以用蓝字或黑字登记入账	红字更正法的应用见案例 9-2、案例 9-3

续表

种类	适用范围		具体更正方法	注意事项
红字更正法		第二种：根据记账凭证记录的内容记账后，发现记账凭证中应借、应贷的会计科目、记账方向都没错，记账凭证和账簿记录的金额相吻合，只是所记金额大于应记的正确金额，应采用红字更正法	将多记的金额用红字填制一张与原错误记账凭证所记载的借贷方向、应借应贷会计科目相同的记账凭证，并据以登记入账，以冲销多记金额，求得正确金额	

[例 9-1] 补充登记法的应用

用银行存款 30000 元购买原材料，在填制记账凭证时，误记金额为 3000 元，但会计科目、借贷方向均无错误，其错误记账凭证所反映的会计分录为：

借：原材料　　3000

　贷：银行存款　　3000

在更正时，应用蓝字或黑字编制如下记账凭证进行更正：

借：原材料　　27000

　贷：银行存款　　27000

错误的记账凭证以蓝字或黑字记账更正后，即可反映其正确的金额为 30000 元。

如果记账凭证中所记录的文字、金额与账簿记录的文字、金额不符，应首先采用划线法更正，然后用补充登记法更正。

[例 9-2] 红字更正法的应用（一）

以现金支付下年度报纸杂志费 1000 元，在填制记账凭证时误记入“银行存款”科目，并据以登记入账，其错误记账凭证所反映的会计分录为：

借：待摊费用　1000

　贷：银行存款　1000

该项分录应贷记“现金”科目。在更正时，应用红字（在本书中，如无特殊的说明，用带框的数字表示红字记录）金额编制如下记账凭证进行更正：

借：待摊费用　[1000]

　贷：银行存款　[1000]

错误的记账凭证以红字记账更正后，表明已全部冲销原有错误记录，然后用蓝字或黑字填制如下正确分录，并据以登记入账：

借：待摊费用　1000

　贷：现金　1000

[例 9-3] 红字更正法的应用（二）

用银行存款 2500 元购买办公用品，在填制记账凭证时，误记金额为 25000 元，但会计科目、借贷方向均无错误，其错误记账凭证所反映的会计分录为：

借：管理费用　25000

　贷：银行存款　25000

在更正时，应用红字编制如下记账凭证进行更正：

借：管理费用　[22500]

　贷：银行存款　[22500]

错误的记账凭证以红字记账更正后，即可反映其正确金额为 2500 元。

如果记账凭证所记录的文字、金额与账簿记录的文字、金额不符，应首先采用划线法更正，然后用红字冲销法更正。

9.2.3 会计舞弊的查证

查证会计舞弊是一项技术性很强的工作，必须坚持正确的程序与方法（图 9-6）。

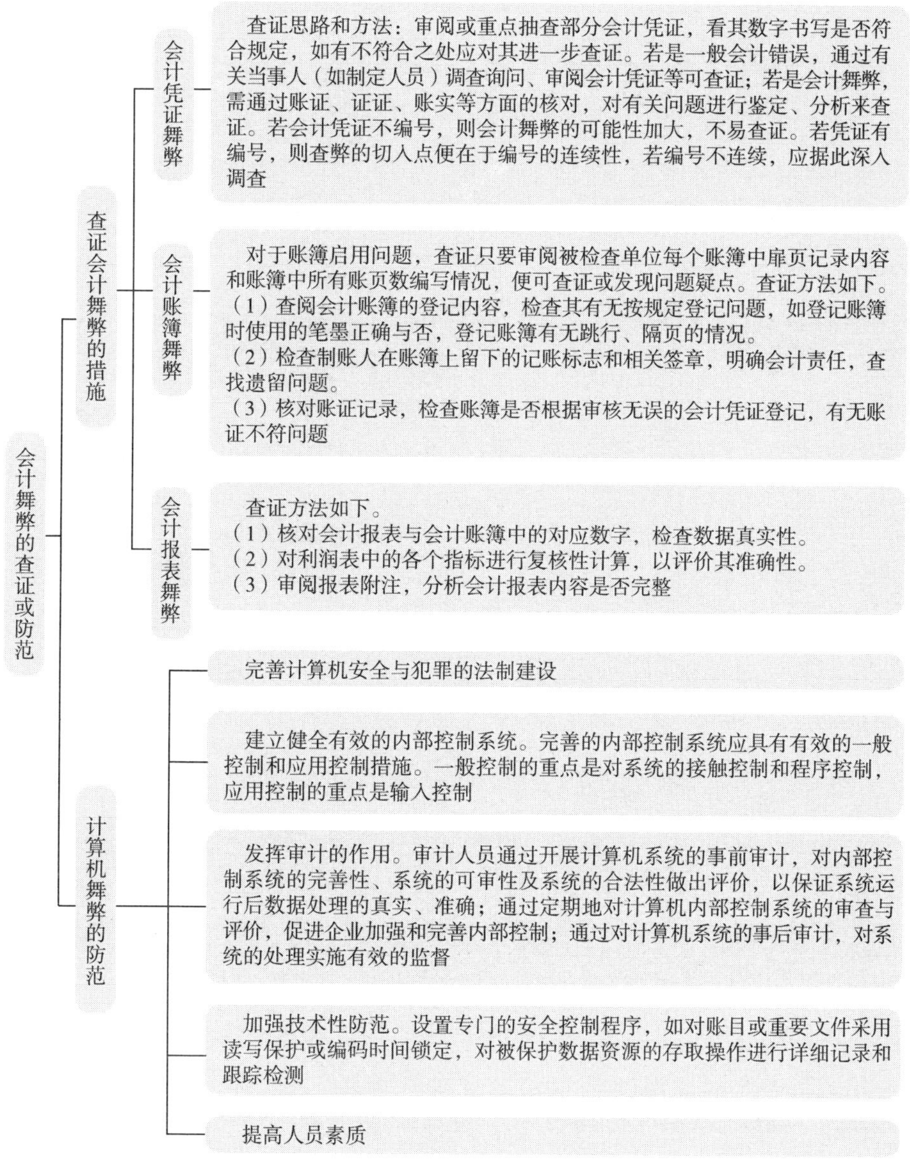

图 9-6　会计舞弊的查证与计算机舞弊的防范

9.2.4 检查账簿

财簿分析检查的具体方法见图 9–7。

- 对账簿分析检查的具体方法
  - 复核法：对会计账簿的记录及合计进行重复验算，以证实会计记录中计算的准确性
  - 审阅法：以国家的方针、政策、法令、制度、规定作为依据，通过审查性过目，检查分析有关账簿资料的真实性、合法性和合规性，视其有无差错、疑点和弊端。审阅法在查账工作中经常运用。其运用成功与否在较大程度上取决于查账人员自身的观察能力、分析能力和判断能力，取决于其经验水平
  - 核对法
    - 对账簿记录（包括相关资料）两处或两处以上的同一数值或有关数据进行互相对照，旨在查明账账、账证、账实、账表是否相符，以证实账簿记录是否正确，有无错账、漏账、重账。核对法常用来发现疑点，取得证据，为进一步审查查证提供线索。可由两人合作进行，也可由一人单独进行
    - 核对法分析检查的内容如下。
      （1）核对凭证与账簿记录、账簿与账簿记录（总账与明细账）、账与报表记录、账与卡、账与实之间的数额是否相符。
      （2）核对总分类账借方余额账户合计数同贷方余额账户合计数是否相符。
      （3）核对账外账单，如银行对账单、客户往来清单等，同本单位有关账目的数据是否相符。
      （4）核对原定的预算、指标、定额、承包基数等同实际用以考核的预算、指标、定额和承包基数是否相符。
      （5）核对生产记录、发货托运记录、原材料消耗记录、产成品入库记录、废次品记录、考勤记录等同相应的账簿记录所反映的内容、数额是否相等。
      （6）核对销售合同、外加工合同、联营合同等所记载的内容与金额，同有关账簿记录所反映的内容、金额是否相符
  - 核实法：核对法的特例，指将账簿资料与实际情况进行对照，用以验证账实之间是否相符，并取得书面证据的一种方法。主要用以核对账户记录，并结合盘点方法所获取的实物证据，进行账簿资料与现实物资之间的对照。核实的重点是盘存类账户，如现金、原材料、燃料、产成品等，此外，还有盘存类账户中银行存款、其他货币资金及其结算类账户中的应收、应付、暂收、暂付等
  - 调节法：为了检查账簿中某些业务，而事先对其中某些因素进行增减调节，以使其相关可比的一种查账方法
  - 各种查账分析方法：包括账户分析法、比较分析法、比率分析法、相关分析法、平衡分析法、分组分析法、因素分析法、推理分析法、图表分析法、差额分析法、量本利分析法、价值分析法、预测分析法等

图 9–7 账簿分析检查的具体方法

9.2.5 应收账款舞弊的查证

查证应收账款中的错弊，需要从销售环节、票证、账簿等多个环节入

手。具体的程序如图 9-8 所示。

- 如何查证应收账款舞弊
  - 查证企业在销售环节中的内部控制
    - （1）企业销售商品或提供劳务后，将债权转入应收账款的批准程序。
    - （2）为购货方代垫费用支付现金或银行存款的批准程序。
    - （3）与购货方对账制度及对账单签发手续等等
  - 查证企业应收账款的入账值
    - 了解有无销售折扣与折让情况，看其与“应收账款”“产品销售收入”等账户记录是否一致，以弄清是否存在以净价法入账而导致应收账款入账金额不实等问题
  - 查证应收账款平均余额
    - 分析应收账款账龄，计算应收账款周转率，并同该行业平均周转率比较，看是否存在周转太慢、回收期过长的问题，并进一步调查是否因款项收回后挂账或私分所致
  - 查阅明细账及凭证
    - 看是否存在列作应收账款的经济事项不真实、不合理、不合法的情况。问题发生后，其线索或疑点的表现如下。
    - （1）反映在“商品销售收入”和“应收账款”账户中的虚假金额，与正常的经济业务金额比较可能表现为异常，如金额过大、精确度过大等。
    - （2）会计凭证可能只有记账凭证，没有原始凭证；或虽有原始凭证，但内容不全、不真实等，表现为账证不符。
    - （3）所虚设的应收账款，可能只记入了“应收账款”总账，未虚设虚记明细账或未在其他明细账中虚记，表现为应收账款与所属明细账不相符。
    - （4）所虚设的应收账款，可能既记入了总账，也记入了虚设的或其他的明细账中。这样尽管总账与明细账是平衡的，但该企业所记录的这些内容与实际或对方客户“应付账款”账上的对应内容不相符，表现为两个单位间的账账不符
  - 查证企业备抵法运用是否正确
    - 应运用审阅法、复核法检查被查单位坏账准备计提是否正确、合规，有无多提、少提或人为地调节利润水平的问题。审阅“坏账准备”账户借方记录，来发现和查证有无发生坏账损失后多冲或少冲坏账准备，以此调节“应收账款”账户的内容，从而达到利用“应收账款”账户舞弊的目的的问题。根据发票、收据的号码不连续和调查询问所掌握的情况，审阅核对“坏账准备”账户的贷方记录内容，来查证收回已经核销的坏账未入账而将其私分或存入“小金库”的问题

图 9-8 如何查证应收账款舞弊

10 出纳工作交接

——善始还要善终

● 内容概览

会计工作间的岗位轮换是比较常见的，当出纳人员出现调动或离职时，必须将有关的工作和资料票证移交给继任出纳人员，此时便出现了出纳工作的交接。交接就是将手上的工作交给“接班人”。“接班人”是否能快速进入工作状态以及前后衔接是否困难，很大程度上取决于交接工作是否做到位。

出纳人员应懂得交接工作的内容及程序，这样才能分清经济责任，防止账目不清、财务混乱，预防经济责任事故与经济犯罪的发生。下面就让我们进入到本章的学习中吧。

10.1 将工作交予接班人——出纳工作的交接

10.1.1 出纳工作交接的概念

《会计法》第24条规定："会计人员调动工作或者离职，必须与接管人员办理交接手续。一般会计人员办理交接手续，由会计机构负责人、会计主管人员监交。"出纳交接要按照会计人员交接的要求进行。出纳人员调动工作或者离职时，与接管人员办清交接手续，是出纳人员应尽的职责，也是分清移交人员与接管人员责任的重大措施。办好交接工作，可以使出纳工作前后衔接，可以防止账目不清、财务混乱。

出纳工作交接要做到两点：一是移交人员与接管人员要办清手续；二是交接过程中要有专人负责监交。交接要求进行财产清理，做账账核对；账款核对，交接清理后要填写移交表，将所有移交的票、款、物编制详细的移交清册，按册向接交人点清，然后由交、接、监三方签字盖章。移交表应存入会计档案。

10.1.2 出纳工作交接的具体工作

10.1.2.1 出纳工作移交前的准备工作

为了使出纳工作移交清楚，防止遗漏，保证出纳交接工作顺利进行，出纳人员在办理交接手续前，必须做好以下准备工作。

（1）将出纳账登记完毕，并在最后一笔余额后加盖名章。

（2）在出纳账启用表上填写移交日期，并加盖名章。

（3）整理应该移交的各项资料，对未了事项写出书面材料。

（4）出纳日记账与现金、银行存款总账核对相符，现金账面余额与实际库存现金核对一致，银行存款账面余额与银行对账单核对无误。如有不符，要找出原因，弄清问题所在，加以解决，务求在移交前做到相符。

（5）编制移交清册。列明应当移交的会计凭证、账簿、报表、印章、现金、有价证券、支票簿、发票、文件、其他会计资料和物品等内容。

实行会计电算化的单位，从事该项工作的移交人员还应当在移交清册中列明会计软件及密码、会计软件数据磁盘（磁带等）及有关资料、实物等内容。

10.1.2.2　出纳工作的正式交接

《会计基础工作规范》规定：会计人员办理交接手续，必须由监交人员负责监交。一般会计人员交接，由单位会计机构负责人、会计主管人员负责监交；会计机构负责人、会计主管人员交接，由单位领导人负责监交，必要时可由上级主管部门派人会同监交。

出纳工作交接一般在单位会计机构负责人、会计主管人员的监督下进行。出纳人员的离职交接，必须在规定的期限内，向接交人员移交清楚。具体操作如下。

（1）现金、有价证券、贵重物品要根据会计账簿有关记录由移交人向接交人逐一点交，库存现金、有价证券、贵重物品必须与会计账簿记录保持一致，如有不符，移交人员必须在限期内查清。

（2）银行存款账户余额要与银行对账单核对，在核对时如发现疑问，移交人和接交人应一起到开户银行当场复核核对，并编制银行存款余额调节表。

（3）在银行存款账户余额与银行对账单余额核对相符的前提下，移交有关票据、票证及印章，同时由接交人更换预留在银行的印鉴章。

（4）出纳账簿移交时，接交人应核对账账、账实是否相符，即现金日记账、银行存款日记账、有价证券明细账与现金、银行存款和有价证券总账的账账相符；实行会计电算化的单位，应先将账页打印出来，装订成册后，再进行交接。

（5）出纳凭证、出纳账簿和其他会计核算资料必须完整无缺，如有短缺，必须查清原因，并在移交清册中注明，由移交人员负责。

（6）工作计划移交时，为了方便接交人开展工作，移交人应向接交人介绍工作计划执行情况以及今后在执行过程中应注意的问题。

（7）移交人应将保险柜密码、钥匙、办公桌和办公室钥匙一一移交给接交人，接交人在接交完毕后，应立即更换保险柜密码及有关锁具。

（8）接交人办理接收后，应在出纳账簿启用表上填写接收时间，并签名盖章。

10.1.2.3　交接结束

交接完毕后，交接双方和监交人，要在移交清册上签名或盖章。移交清册的内容如图 10-1 所示。

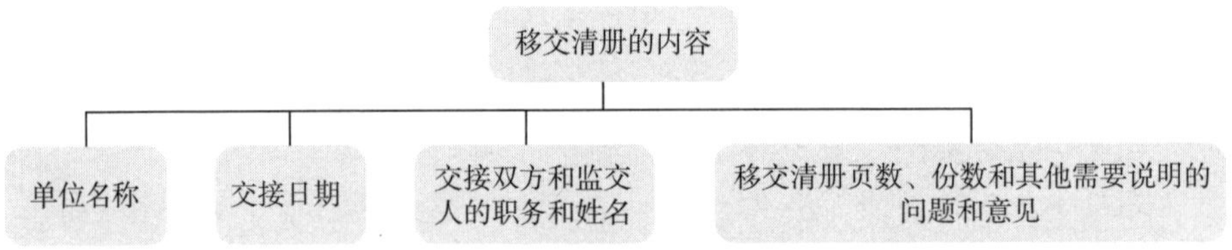

图 10-1　移交清册的内容

移交清册一般一式三份，交双方各执一份，存档一份。

10.2　怎么个交接法——出纳交接的注意事项

10.2.1　出纳交接应注意的事项

出纳交接要做到以下两点。

（1）移交人与接管人要办清手续。

（2）交接过程中要有专人负责监交，交接要求进行财产清理，做到账账核对、账款核对，交接清楚后填妥移交清册，由交、接、监三方签字盖章。

10.2.2 出纳交接的相关责任

出纳交接工作结束后，在交接前后各期的工作责任应由当时的经办人负责，主要体现在以下几个方面。

（1）接收人应认真接管移交工作，继续办理未了事项。

（2）接收人应继续使用移交后的账簿等资料，保持会计记录的连续性，不得自行另立账簿或擅自销毁移交资料。

（3）移交后，移交人对自己经办的已办理移交的资料负完全责任，不得以资料已移交为借口推脱责任。

10.2.3 工作移交表

移交表主要包括库存现金移交表、银行存款移交表、有价证券移交表、贵重物品移交表、核算资料移交表和物品移交表，以及交接说明书等，各表的格式见表 10-1 至表 10-4。

表 10-1 库存现金移交表

币种：　　　　移交日期：　　年　　月　　日　　　　单位：元　　第　页

100 元	数量（张）	金额	接受金额	备注
50 元				
20 元				
10 元				
5 元				
2 元				
1 元				
5 角				
2 角				
1 角				
5 分				
2 分				
1 分				
合计	—			

表 10-2　银行存款移交表

移交日期：　　年　　月　　日　　　　　　　　　　单位：元　　第　　页

开户银行	账号	币种	账面数	实有数	备注
合计					
附件及说明：（1）账面数为银行存款日记账金额，实有数为银行对账单金额。 （2）银行存款余额调节表一份。 （3）银行印鉴预留卡片一张。					

单位负责人：　　　　移交人：　　　　监交人：　　　　接管人：

表 10-3　银行存款移交表

移交日期：　　年　　月　　日

名称	年度	数量	起止号码	备注
现金日记账				
银行存款日记账				
收据领用登记簿				
支票领用登记簿				
收据				
现金支票				
转账支票				

单位负责人：　　　　移交人：　　　　监交人：　　　　接管人：

表 10-4 出纳人员工作交接书

出纳人员工作交接书 原出纳员廉××，因工作调动，财务处已决定将出纳工作移交给金××接管。现办理如下交接： 一、交接日期： ××××年×月×日 二、具体业务的移交： 1. 库存现金：×月×日账面余额××元，实存相符，月记账余额与总账相符； 2. 库存国库券：×××万元，经核对无误； 3. 银行存款余额×××万元，经编制“银行存款余额调节表”核对相符。 三、移交的会计凭证、账簿、文件： 1. 本年度现金日记账一本； 2. 本年度银行存款日记账二本； 3. 空白现金支票××张（××号至××号）； 4. 空白转账支票××张（××号至××号）； 5. 托收承付登记簿一本； 6. 付款委托书一本； 7. 信汇登记簿一本； 8. 金库暂存物品明细表一份，与实物核对相符； 9. 银行对账单 1 ~ 10 月份 10 本；10 月份未达账项说明一份； 10.…… 四、印鉴： 1.××公司财务处转讫印章一枚； 2.××公司财务处现金收讫印章一枚； 3.××公司财务处现金付讫印章一枚； 五、交接前后工作责任的划分：××××年×月×日前的出纳责任事项由廉××负责；××××年×月×日起的出纳工作由金××负责。以上移交事项均经交接双方认定无误。 六、本交接书一式三份，双方各执一分，存档一份。 移交人：廉××（签名盖章） 接管人：金××（签名盖章） 监交人：×××（签名盖章） ××公司财务处（公章） ××××年×月×日

附录一 《现金管理暂行条例》

第一章 总则

第一条 为改善现金管理，促进商品生产和流通，加强对社会经济活动的监督，制定本条例。

第二条 凡在银行和其他金融机构（以下简称开户银行）开立账户的机关、团体、部队、企业、事业单位和其他单位（以下简称开户单位），必须依照本条例的规定收支和使用现金，接受开户银行的监督。国家鼓励开户单位和个人在经济活动中，采取转账方式进行结算，减少使用现金。

第三条 开户单位之间的经济往来，除按本条例规定的范围可以使用现金外，应当通过开户银行进行转账结算。

第四条 各级人民银行应当严格履行金融主管机关的职责，负责对开户银行的现金管理进行监督和稽核。开户银行依照本条例和中国人民银行的规定，负责现金管理的具体实施，对开户单位收支、使用现金进行监督管理。

第二章 现金管理和监督

第五条 开户单位可以在下列范围内使用现金：

（一）职工工资、津贴；

（二）个人劳务报酬；

（三）根据国家规定颁发给个人的科学技术、文化艺术、体育等各种奖金；

（四）各种劳保、福利费用以及国家规定的对个人的其他支出；

（五）向个人收购农副产品和其他物资的价款；

（六）出差人员必须随身携带的差旅费；

（七）结算起点以下的零星支出；

（八）中国人民银行确定需要支付现金的其他支出。前款结算起点定为1000元。结算起点的调整，由中国人民银行确定，报国务院备案。

第六条 除本条例第五条第（五）、（六）项外，开户单位支付给个人的款项，超过使用现金限额的部分，应当以支票或者银行本票支付；确需全额支付现金的，经开户银行审核后，予以支付现金。前款使用现金限额，按本条例第五条第二款的规定执行。

第七条 转账结算凭证在经济往来中，具有同现金相同的支付能力。开户单位在销售活动中，不得对现金结算给予比转账结算优惠待遇；不得拒收支票、银行汇票和银行本票。

第八条 机关、团体、部队、全民所有制和集体所有制企业事业单位购置国家规定的专项控制商品，必须采取转账结算方式，不得使用现金。

第九条 开户银行应当根据实际需要，核定开户单位3 ~ 5天的日常零星开支所需的库存现金限额。边远地区和交通不便地区的开户单位的库存现金限额，可以多于5天，但不得超过15天的日常零星开支。

第十条 经核定的库存现金限额，开户单位必须严格遵守。需要增加或者减少库存现金限额的，应当向开户银行提出申请，由开户银行核定。

第十一条 开户单位现金收支应当依照下列规定办理：

（一）开户单位现金收入应当于当日送存开户银行。当日送存确有困难的，由开户银行确定送存时间；

（二）开户单位支付现金，可以从本单位库存现金限额中支付或者从开户银行提取，不得从本单位的现金收入中直接支付（即坐支）。因特殊情况需要坐支现金的，应当事先报经开户银行审查批准，由开户银行核定坐支范围和限额。坐支单位应当定期向开户银行报送坐支金额和使用情况；

（三）开户单位根据本条例第五条和第六条的规定，从开户银行提取现金，应当写明用途，由本单位财会部门负责人签字盖章，经开户银行审核后，予以支付现金；

（四）因采购地点不固定，交通不便，生产或者市场急需，抢险救灾以及其他特殊情况必须使用现金的，开户单位应当向开户银行提出申请，由本单位财会部门负责人签字盖章，经开户银行审核后，予以支付现金。

第十二条 开户单位应当建立健全现金账目，逐笔记载现金支付。账目应当日清月结，账款相符。

第十三条 对个体工商户、农村承包经营户发放的贷款，应当以转账方式支付。对确需在集市使用现金购买物资的，经开户银行审核后，可以在贷款金额内支付现金。

第十四条 在开户银行开户的个体工商户、农村承包经营户异地采购所需货款，应当通过银行汇兑方式支付。因采购地点不固定，交通不便必须携带现金的，由开户银行根据实际需要，予以支付现金。未在开户银行开户的个体工商户、农村承包经营户异地采购所需货款，可以通过银行汇兑方式支付。凡加盖“现金”字样的结算凭证，汇入银行必须保证支付现金。

第十五条 具备条件的银行应当接受开户单位的委托，开展代发工资、转存储蓄业务。

第十六条 为保证开户单位的现金收入及时送存银行，开户银行必须按照规定做好现金收款工作，不得随意缩短收款时间。大中城市和商业比较集中的地区，应当建立非营业时间收款制度。

第十七条 开户银行应当加强柜台审查，定期和不定期地对开户单位现金收支情况进行检查，并按规定向当地人民银行报告现金管理情况。

第十八条 一个单位在几家银行开户的，由一家开户银行负责现金管理工作，核定开户单位库存现金限额。各金融机构的现金管理分工，由中国人民银行确定。有关现金管理分工的争议，由当地人民银行协调、裁决。

第十九条 开户银行应当建立健全现金管理制度，配备专职人员，改进工作作风，改善服务设施。现金管理工作所需经费应当在开户银行业务费中解决。

第三章 法律责任

第二十条 开户单位有下列情形之一的，开户银行应当依照中国人民银行的规定，责令其停止违法活动，并可根据情节轻重处以罚款：

（一）超出规定范围、限额使用现金的；

（二）超出核定的库存现金限额留存现金的。

第二十一条　开户单位有下列情形之一的，开户银行应当依照中国人民银行的规定，予以警告或者罚款；情节严重的，可在一定期限内停止对该单位的贷款或者停止对该单位的现金支付：

（一）对现金结算给予比转账结算优惠待遇的；

（二）拒收支票、银行汇票和银行本票的；

（三）违反本条例第八条规定，不采取转账结算方式购置国家规定的专项控制商品的；

（四）用不符合财务会计制度规定的凭证顶替库存现金的；

（五）用转账凭证套换现金的；

（六）编造用途套取现金的；

（七）互相借用现金的；

（八）利用账户替其他单位和个人套取现金的；

（九）将单位的现金收入按个人储蓄方式存入银行的；

（十）保留账外公款的；

（十一）未经批准坐支或者未按开户银行核定的坐支范围和限额坐支现金的。

第二十二条　开户单位对开户银行做出的处罚决定不服的，必须首先按照处罚决定执行，然后可在10日内向开户银行的同级人民银行申请复议。同级人民银行应当在收到复议申请之日起30日内做出复议决定。开户单位对复议决定不服的，可以在收到复议决定之日起30日内向人民法院起诉。

第二十三条　银行工作人员违反本条例规定，徇私舞弊、贪污受贿、玩忽职守纵容违法行为的，应当根据情节轻重，给予行政处分和经济处罚；构成犯罪的，由司法机关依法追究刑事责任。

第四章 附则

第二十四条 本条例由中国人民银行负责解释；施行细则由中国人民银行制定。

第二十五条 本条例自 1988 年 10 月 1 日起施行。1977 年 11 月 28 日发布的《国务院关于实行现金管理的决定》同时废止。

附录二　人民币银行结算账户管理办法

第一章　总则

第一条　为规范人民币银行结算账户（以下简称银行结算账户）的开立和使用，加强银行结算账户管理，维护经济金融秩序稳定，根据《中华人民共和国中国人民银行法》和《中华人民共和国商业银行法》等法律法规，制定本办法。

第二条　存款人在中国境内的银行开立的银行结算账户适用本办法。

本办法所称存款人，是指在中国境内开立银行结算账户的机关、团体、部队、企业、事业单位、其他组织（以下统称单位）、个体工商户和自然人。

本办法所称银行，是指在中国境内经中国人民银行批准经营支付结算业务的政策性银行、商业银行（含外资独资银行、中外合资银行、外国银行分行）、城市信用合作社、农村信用合作社。

本办法所称银行结算账户，是指银行为存款人开立的办理资金收付结算的人民币活期存款账户。

第三条　银行结算账户按存款人分为单位银行结算账户和个人银行结算账户。

（一）存款人以单位名称开立的银行结算账户为单位银行结算账户。单位银行结算账户按用途分为基本存款账户、一般存款账户、专用存款账户、临时存款账户。

个体工商户凭营业执照以字号或经营者姓名开立的银行结算账户纳入单位银行结算账户管理。

（二）存款人凭个人身份证件以自然人名称开立的银行结算账户为个人银行结算账户。

邮政储蓄机构办理银行卡业务开立的账户纳入个人银行结算账户管理。

第四条　单位银行结算账户的存款人只能在银行开立一个基本存款账户。

第五条　存款人应在注册地或住所地开立银行结算账户。符合本办法规定可以在异地（跨省、市、县）开立银行结算账户的除外。

第六条　存款人开立基本存款账户、临时存款账户和预算单位开立专用存款账户实行核准制度，经中国人民银行核准后由开户银行核发开户登记证。但存款人因注册验资需要开立的临时存款账户除外。

第七条　存款人可以自主选择银行开立银行结算账户。除国家法律、行政法规和国务院规定外，任何单位和个人不得强令存款人到指定银行开立银行结算账户。

第八条　银行结算账户的开立和使用应当遵守法律、行政法规，不得利用银行结算账户进行偷逃税款、逃废债务、套取现金及其他违法犯罪活动。

第九条　银行应依法为存款人的银行结算账户信息保密。对单位银行结算账户的存款和有关资料，除国家法律、行政法规另有规定外，银行有权拒绝任何单位或个人查询。对个人银行结算账户的存款和有关资料，除国家法律另有规定外，银行有权拒绝任何单位或个人查询。

第十条　中国人民银行是银行结算账户的监督管理部门。

第二章　银行结算账户的开立

第十一条　基本存款账户是存款人因办理日常转账结算和现金收付需要开立的银行结算账户。下列存款人，可以申请开立基本存款账户：

（一）企业法人。

（二）非法人企业。

（三）机关、事业单位。

（四）团级（含）以上军队、武警部队及分散执勤的支（分）队。

（五）社会团体。

（六）民办非企业组织。

（七）异地常设机构。

（八）外国驻华机构。

（九）个体工商户。

（十）居民委员会、村民委员会、社区委员会。

（十一）单位设立的独立核算的附属机构。

（十二）其他组织。

第十二条　一般存款账户是存款人因借款或其他结算需要，在基本存款账户开户银行以外的银行营业机构开立的银行结算账户。

第十三条　专用存款账户是存款人按照法律、行政法规和规章，对其特定用途资金进行专项管理和使用而开立的银行结算账户。对下列资金的管理与使用，存款人可以申请开立专用存款账户：

（一）基本建设资金。

（二）更新改造资金。

（三）财政预算外资金。

（四）粮、棉、油收购资金。

（五）证券交易结算资金。

（六）期货交易保证金。

（七）信托基金。

（八）金融机构存放同业资金。

（九）政策性房地产开发资金。

（十）单位银行卡备用金。

（十一）住房基金。

（十二）社会保障基金。

（十三）收入汇缴资金和业务支出资金。

（十四）党、团、工会设在单位的组织机构经费。

（十五）其他需要专项管理和使用的资金。

收入汇缴资金和业务支出资金，是指基本存款账户存款人附属的非独立核算单位或派出机构发生的收入和支出的资金。

因收入汇缴资金和业务支出资金开立的专用存款账户，应使用隶属单位的名称。

第十四条　临时存款账户是存款人因临时需要并在规定期限内使用而开立的银行结算账户。有下列情况的，存款人可以申请开立临时存款账户：

（一）设立临时机构。

（二）异地临时经营活动。

（三）注册验资。

第十五条　个人银行结算账户是自然人因投资、消费、结算等而开立的可办理支付结算业务的存款账户。有下列情况的，可以申请开立个人银行结算账户：

（一）使用支票、信用卡等信用支付工具的。

（二）办理汇兑、定期借记、定期贷记、借记卡等结算业务的。

自然人可根据需要申请开立个人银行结算账户，也可以在已开立的储蓄账户中选择并向开户银行申请确认为个人银行结算账户。

第十六条　存款人有下列情形之一的，可以在异地开立有关银行结算账户：

（一）营业执照注册地与经营地不在同一行政区域（跨省、市、县）需要开立基本存款账户的。

（二）办理异地借款和其他结算需要开立一般存款账户的。

（三）存款人因附属的非独立核算单位或派出机构发生的收入汇缴或业务支出需要开立专用存款账户的。

（四）异地临时经营活动需要开立临时存款账户的。

（五）自然人根据需要在异地开立个人银行结算账户的。

第十七条　存款人申请开立基本存款账户，应向银行出具下列证明文件：

（一）企业法人，应出具企业法人营业执照正本。

（二）非法人企业，应出具企业营业执照正本。

（三）机关和实行预算管理的事业单位，应出具政府人事部门或编制委员会的批文或登记证书和财政部门同意其开户的证明；非预算管理的事业单位，应出具政府人事部门或编制委员会的批文或登记证书。

（四）军队、武警团级（含）以上单位以及分散执勤的支（分）队，应出具军队军级以上单位财务部门、武警总队财务部门的开户证明。

（五）社会团体，应出具社会团体登记证书，宗教组织还应出具宗教事务管理部门的批文或证明。

（六）民办非企业组织，应出具民办非企业登记证书。

（七）外地常设机构，应出具其驻在地政府主管部门的批文。

（八）外国驻华机构，应出具国家有关主管部门的批文或证明；外资企业驻华代表处、办事处应出具国家登记机关颁发的登记证。

（九）个体工商户，应出具个体工商户营业执照正本。

（十）居民委员会、村民委员会、社区委员会，应出具其主管部门的批文或证明。

（十一）独立核算的附属机构，应出具其主管部门的基本存款账户开户登记证和批文。

（十二）其他组织，应出具政府主管部门的批文或证明。

本条中的存款人为从事生产、经营活动纳税人的，还应出具税务部门颁发的税务登记证。

第十八条　存款人申请开立一般存款账户，应向银行出具其开立基本存款账户规定的证明文件、基本存款账户开户登记证和下列证明文件：

（一）存款人因向银行借款需要，应出具借款合同。

（二）存款人因其他结算需要，应出具有关证明。

第十九条　存款人申请开立专用存款账户，应向银行出具其开立基本存款账户规定的证明文件、基本存款账户开户登记证和下列证明文件：

（一）基本建设资金、更新改造资金、政策性房地产开发资金、住房基金、社会保障基金，应出具主管部门批文。

（二）财政预算外资金，应出具财政部门的证明。

（三）粮、棉、油收购资金，应出具主管部门批文。

（四）单位银行卡备用金，应按照中国人民银行批准的银行卡章程的规定出具有关证明和资料。

（五）证券交易结算资金，应出具证券公司或证券管理部门的证明。

（六）期货交易保证金，应出具期货公司或期货管理部门的证明。

（七）金融机构存放同业资金，应出具其证明。

（八）收入汇缴资金和业务支出资金，应出具基本存款账户存款人有关的证明。

（九）党、团、工会设在单位的组织机构经费，应出具该单位或有关部门的批文或证明。

（十）其他按规定需要专项管理和使用的资金，应出具有关法规、规章或政府部门的有关文件。

第二十条　合格境外机构投资者在境内从事证券投资开立的人民币特殊账户和人民币结算资金账户纳入专用存款账户管理。其开立人民币特殊账户时应出具国家外汇管理部门的批复文件，开立人民币结算资金账户时应出具证券管理部门的证券投资业务许可证。

第二十一条　存款人申请开立临时存款账户，应向银行出具下列证明文件：

（一）临时机构，应出具其驻在地主管部门同意设立临时机构的批文。

（二）异地建筑施工及安装单位，应出具其营业执照正本或其隶属单位的营业执照正本，以及施工及安装地建设主管部门核发的许可证或建筑施工及安装合同。

（三）异地从事临时经营活动的单位，应出具其营业执照正本以及临时经营地工商行政管理部门的批文。

（四）注册验资资金，应出具工商行政管理部门核发的企业名称预先核准通知书或有关部门的批文。

本条第二、三项还应出具其基本存款账户开户登记证。

第二十二条　存款人申请开立个人银行结算账户，应向银行出具下列证明文件：

（一）中国居民，应出具居民身份证或临时身份证。

（二）中国人民解放军军人，应出具军人身份证件。

（三）中国人民武装警察，应出具武警身份证件。

（四）香港、澳门居民，应出具港澳居民往来内地通行证；台湾居民，应出具台湾居民来往大陆通行证或者其他有效旅行证件。

（五）外国公民，应出具护照。

（六）法律、法规和国家有关文件规定的其他有效证件。

银行为个人开立银行结算账户时，根据需要还可要求申请人出具户口簿、驾驶执照、护照等有效证件。

第二十三条　存款人需要在异地开立单位银行结算账户，除出具本办法第十七条、十八条、十九条、二十一条规定的有关证明文件外，应出具下列相应的证明文件：

（一）经营地与注册地不在同一行政区域的存款人，在异地开立基本存款账户的，应出具注册地中国人民银行分支行的未开立基本存款账户的证明。

（二）异地借款的存款人，在异地开立一般存款账户的，应出具在异地取得贷款的借款合同。

（三）因经营需要在异地办理收入汇缴和业务支出的存款人，在异地开立专用存款账户的，应出具隶属单位的证明。

属本条第二、三项情况的，还应出具其基本存款账户开户登记证。

存款人需要在异地开立个人银行结算账户，应出具本办法第二十二条规定的证明文件。

第二十四条　单位开立银行结算账户的名称应与其提供的申请开户的证明文件的名称全称相一致。有字号的个体工商户开立银行结算账户的名称应与其营业执照的字号相一致；无字号的个体工商户开立银行结算账户的名称，由“个体户”字样和营业执照记载的经营者姓名组成。自然人开立银行结算账户的名称应与其提供的有效身份证件中的名称全称相一致。

第二十五条　银行为存款人开立一般存款账户、专用存款账户和临时存款账户的，应自开户之日起3个工作日内书面通知基本存款账户开户银行。

第二十六条　存款人申请开立单位银行结算账户时，可由法定代表人或单位负责人直接办理，也可授权他人办理。

由法定代表人或单位负责人直接办理的，除出具相应的证明文件外，还应出具法定代表人或单位负责人的身份证件；授权他人办理的，除出具相应的证明文件外，还应出具其法定代表人或单位负责人的授权书及其身份证件，以及被授权人的身份证件。

第二十七条　存款人申请开立银行结算账户时，应填制开户申请书。开户申请书按照中国人民银行的规定记载有关事项。

第二十八条　银行应对存款人的开户申请书填写的事项和证明文件的真实性、完整性、合规性进行认真审查。

开户申请书填写的事项齐全，符合开立基本存款账户、临时存款账户和预算单位专用存款账户条件的，银行应将存款人的开户申请书、相关的证明文件和银行审核意见等开户资料报送中国人民银行当地分支行，经其核准后办理开户手续；符合开立一般存款账户、其他专用存款账户和个人银行结算账户条件的，银行应办理开户手续，并于开户之日起5个工作日内向中国人民银行当地分支行备案。

第二十九条　中国人民银行应于2个工作日内对银行报送的基本存款账户、临时存款账户和预算单位专用存款账户的开户资料的合规性予以审核，符合开户条件的，予以核准；不符合开户条件的，应在开户申请书上签署意见，连同有关证明文件一并退回报送银行。

第三十条　银行为存款人开立银行结算账户，应与存款人签订银行结算账户管理协议，明确双方的权利与义务。除中国人民银行另有规定的以外，应建立存款人预留签章卡片，并将签章式样和有关证明文件的原件或复印件留存归档。

第三十一条　开户登记证是记载单位银行结算账户信息的有效证明，存款人应按本办法的规定使用，并妥善保管。

第三十二条　银行在为存款人开立一般存款账户、专用存款账户和临时存款账户时，应在其基本存款账户开户登记证上登记账户名称、账号、账户性质、开户银行、开户日期，并签章。但临时机构和注册验资需要开立的临时存款账户除外。

第三章　银行结算账户的使用

第三十三条　基本存款账户是存款人的主办账户。存款人日常经营活动的资金收付及其工资、奖金和现金的支取，应通过该账户办理。

第三十四条　一般存款账户用于办理存款人借款转存、借款归还和其他结算的资金收付。该账户可以办理现金缴存，但不得办理现金支取。

第三十五条　专用存款账户用于办理各项专用资金的收付。

单位银行卡账户的资金必须由其基本存款账户转账存入。该账户不得办理现金收付业务。

财政预算外资金、证券交易结算资金、期货交易保证金和信托基金专用存款账户不得支取现金。

基本建设资金、更新改造资金、政策性房地产开发资金、金融机构存放同业资金账户需要支取现金的，应在开户时报中国人民银行当地分支行批准。中国人民银行当地分支行应根据国家现金管理的规定审查批准。

粮、棉、油收购资金、社会保障基金、住房基金和党、团、工会经费等专用存款账户支取现金应按照国家现金管理的规定办理。

收入汇缴账户除向其基本存款账户或预算外资金财政专用存款户划缴款项外，只收不付，不得支取现金。业务支出账户除从其基本存款账户拨入款项外，只付不收，其现金支取必须按照国家现金管理的规定办理。

银行应按照本条的各项规定和国家对粮、棉、油收购资金使用管理规定加强监督，对不符合规定的资金收付和现金支取，不得办理。但对其他专用资金的使用不负监督责任。

第三十六条　临时存款账户用于办理临时机构以及存款人临时经营活动发生的资金收付。

临时存款账户应根据有关开户证明文件确定的期限或存款人的需要确定

其有效期限。存款人在账户的使用中需要延长期限的，应在有效期限内向开户银行提出申请，并由开户银行报中国人民银行当地分支行核准后办理展期。临时存款账户的有效期最长不得超过2年。

临时存款账户支取现金，应按照国家现金管理的规定办理。

第三十七条　注册验资的临时存款账户在验资期间只收不付，注册验资资金的汇缴人应与出资人的名称一致。

第三十八条　存款人开立单位银行结算账户，自正式开立之日起3个工作日后，方可办理付款业务。但注册验资的临时存款账户转为基本存款账户和因借款转存开立的一般存款账户除外。

第三十九条　个人银行结算账户用于办理个人转账收付和现金存取。下列款项可以转入个人银行结算账户：

（一）工资、奖金收入。

（二）稿费、演出费等劳务收入。

（三）债券、期货、信托等投资的本金和收益。

（四）个人债权或产权转让收益。

（五）个人贷款转存。

（六）证券交易结算资金和期货交易保证金。

（七）继承、赠与款项。

（八）保险理赔、保费退还等款项。

（九）纳税退还。

（十）农、副、矿产品销售收入。

（十一）其他合法款项。

第四十条　单位从其银行结算账户支付给个人银行结算账户的款项，每笔超过5万元的，应向其开户银行提供下列付款依据：

（一）代发工资协议和收款人清单。

（二）奖励证明。

（三）新闻出版、演出主办等单位与收款人签订的劳务合同或支付给个人款项的证明。

（四）证券公司、期货公司、信托投资公司、奖券发行或承销部门支付或退还给自然人款项的证明。

（五）债权或产权转让协议。

（六）借款合同。

（七）保险公司的证明。

（八）税收征管部门的证明。

（九）农、副、矿产品购销合同。

（十）其他合法款项的证明。

从单位银行结算账户支付给个人银行结算账户的款项应纳税的，税收代扣单位付款时应向其开户银行提供完税证明。

第四十一条　有下列情形之一的，个人应出具本办法第四十条规定的有关收款依据。

（一）个人持出票人为单位的支票向开户银行委托收款，将款项转入其个人银行结算账户的。

（二）个人持申请人为单位的银行汇票和银行本票向开户银行提示付款，将款项转入其个人银行结算账户的。

第四十二条　单位银行结算账户支付给个人银行结算账户款项的，银行应按第四十条、第四十一条规定认真审查付款依据或收款依据的原件，并留存复印件，按会计档案保管。未提供相关依据或相关依据不符合规定的，银行应拒绝办理。

第四十三条　储蓄账户仅限于办理现金存取业务，不得办理转账结算。

第四十四条　银行应按规定与存款人核对账务。银行结算账户的存款人收到对账单或对账信息后，应及时核对账务并在规定期限内向银行发出对账回单或确认信息。

第四十五条　存款人应按照本办法的规定使用银行结算账户办理结算业务。

存款人不得出租、出借银行结算账户，不得利用银行结算账户套取银行信用。

第四章　银行结算账户的变更与撤销

第四十六条　存款人更改名称，但不改变开户银行及账号的，应于5个工作日内向开户银行提出银行结算账户的变更申请，并出具有关部门的证明文件。

第四十七条　单位的法定代表人或主要负责人、住址以及其他开户资料发生变更时，应于5个工作日内书面通知开户银行并提供有关证明。

第四十八条　银行接到存款人的变更通知后，应及时办理变更手续，并于2个工作日内向中国人民银行报告。

第四十九条　有下列情形之一的，存款人应向开户银行提出撤销银行结算账户的申请：

（一）被撤并、解散、宣告破产或关闭的。

（二）注销、被吊销营业执照的。

（三）因迁址需要变更开户银行的。

（四）其他原因需要撤销银行结算账户的。

存款人有本条第一、二项情形的，应于5个工作日内向开户银行提出撤销银行结算账户的申请。

本条所称撤销是指存款人因开户资格或其他原因终止银行结算账户使用的行为。

第五十条　存款人因本办法第四十九条第一、二项原因撤销基本存款账户的，存款人基本存款账户的开户银行应自撤销银行结算账户之日起2个工作日内将撤销该基本存款账户的情况书面通知该存款人其他银行结算账户的开户银行；存款人其他银行结算账户的开户银行，应自收到通知之日起2个工作日内通知存款人撤销有关银行结算账户；存款人应自收到通知之日起3个工作日内办理其他银行结算账户的撤销。

第五十一条　银行得知存款人有本办法第四十九条第一、二项情况，存款人超过规定期限未主动办理撤销银行结算账户手续的，银行有权停止其银行结算账户的对外支付。

第五十二条　未获得工商行政管理部门核准登记的单位，在验资期满后，应向银行申请撤销注册验资临时存款账户，其账户资金应退还给原汇款人账户。注册验资资金以现金方式存入，出资人需提取现金的，应出具缴存现金时的现金缴款单原件及其有效身份证件。

第五十三条　存款人尚未清偿其开户银行债务的，不得申请撤销该账户。

第五十四条　存款人撤销银行结算账户，必须与开户银行核对银行结算账户存款余额，交回各种重要空白票据及结算凭证和开户登记证，银行核对无误后方可办理销户手续。存款人未按规定交回各种重要空白票据及结算凭证的，应出具有关证明，造成损失的，由其自行承担。

第五十五条　银行撤销单位银行结算账户时应在其基本存款账户开户登记证上注明销户日期并签章，同时于撤销银行结算账户之日起 2 个工作日内，向中国人民银行报告。

第五十六条　银行对一年未发生收付活动且未欠开户银行债务的单位银行结算账户，应通知单位自发出通知之日起 30 日内办理销户手续，逾期视同自愿销户，未划转款项列入久悬未取专户管理。

第五章　银行结算账户的管理

第五十七条　中国人民银行负责监督、检查银行结算账户的开立和使用，对存款人、银行违反银行结算账户管理规定的行为予以处罚。

第五十八条　中国人民银行对银行结算账户的开立和使用实施监控和管理。

第五十九条　中国人民银行负责基本存款账户、临时存款账户和预算单位专用存款账户开户登记证的管理。

任何单位及个人不得伪造、变造及私自印制开户登记证。

第六十条　银行负责所属营业机构银行结算账户开立和使用的管理，监督和检查其执行本办法的情况，纠正违规开立和使用银行结算账户的行为。

第六十一条　银行应明确专人负责银行结算账户的开立、使用和撤销的审查和管理，负责对存款人开户申请资料的审查，并按照本办法的规定及时报送存款人开销户信息资料，建立健全开销户登记制度，建立银行结算账户管理档案，按会计档案进行管理。

银行结算账户管理档案的保管期限为银行结算账户撤销后 10 年。

第六十二条　银行应对已开立的单位银行结算账户实行年检制度，检查开立的银行结算账户的合规性，核实开户资料的真实性；对不符合本办法规定开立的单位银行结算账户，应予以撤销。对经核实的各类银行结算账户的资料变动情况，应及时报告中国人民银行当地分支行。

银行应对存款人使用银行结算账户的情况进行监督，对存款人的可疑支付应按照中国人民银行规定的程序及时报告。

第六十三条　存款人应加强对预留银行签章的管理。单位遗失预留公章或财务专用章的，应向开户银行出具书面申请、开户登记证、营业执照等相关证明文件；更换预留公章或财务专用章时，应向开户银行出具书面申请、原预留签章的式样等相关证明文件。个人遗失或更换预留个人印章或更换签字人时，应向开户银行出具经签名确认的书面申请，以及原预留印章或签字人的个人身份证件。银行应留存相应的复印件，并凭以办理预留银行签章的变更。

第六章　罚则

第六十四条　存款人开立、撤销银行结算账户，不得有下列行为：

（一）违反本办法规定开立银行结算账户。

（二）伪造、变造证明文件欺骗银行开立银行结算账户。

（三）违反本办法规定不及时撤销银行结算账户。

非经营性的存款人，有上述所列行为之一的，给予警告并处以 1000 元的罚款；经营性的存款人有上述所列行为之一的，给予警告并处以 1 万元以上 3 万元以下的罚款；构成犯罪的，移交司法机关依法追究刑事责任。

第六十五条　存款人使用银行结算账户，不得有下列行为：

（一）违反本办法规定将单位款项转入个人银行结算账户。

（二）违反本办法规定支取现金。

（三）利用开立银行结算账户逃废银行债务。

（四）出租、出借银行结算账户。

（五）从基本存款账户之外的银行结算账户转账存入、将销货收入存入或现金存入单位信用卡账户。

（六）法定代表人或主要负责人、存款人地址以及其他开户资料的变更事项未在规定期限内通知银行。

非经营性的存款人有上述所列一至五项行为的，给予警告并处以1000元罚款；经营性的存款人有上述所列一至五项行为的，给予警告并处以5000元以上3万元以下的罚款；存款人有上述所列第六项行为的，给予警告并处以1000元的罚款。

第六十六条　银行在银行结算账户的开立中，不得有下列行为：

（一）违反本办法规定为存款人多头开立银行结算账户。

（二）明知或应知是单位资金，而允许以自然人名称开立账户存储。

银行有上述所列行为之一的，给予警告，并处以5万元以上30万元以下的罚款；对该银行直接负责的高级管理人员、其他直接负责的主管人员、直接责任人员按规定给予纪律处分；情节严重的，中国人民银行有权停止对其开立基本存款账户的核准，责令该银行停业整顿或者吊销经营金融业务许可证；构成犯罪的，移交司法机关依法追究刑事责任。

第六十七条　银行在银行结算账户的使用中，不得有下列行为：

（一）提供虚假开户申请资料欺骗中国人民银行许可开立基本存款账户、临时存款账户、预算单位专用存款账户。

（二）开立或撤销单位银行结算账户，未按本办法规定在其基本存款账户开户登记证上予以登记、签章或通知相关开户银行。

（三）违反本办法第四十二条规定办理个人银行结算账户转账结算。

（四）为储蓄账户办理转账结算。

（五）违反规定为存款人支付现金或办理现金存入。

（六）超过期限或未向中国人民银行报送账户开立、变更、撤销等资料。

银行有上述所列行为之一的，给予警告，并处以5000元以上3万元以下的罚款；对该银行直接负责的高级管理人员、其他直接负责的主管人员、直接责任人员按规定给予纪律处分；情节严重的，中国人民银行有权停止对其开立基本存款账户的核准，构成犯罪的，移交司法机关依法追究刑事责任。

第六十八条　违反本办法规定，伪造、变造、私自印制开户登记证的存款人，属非经营性的处以1000元罚款；属经营性的处以1万元以上3万元以下的罚款；构成犯罪的，移交司法机关依法追究刑事责任。

第七章　附则

第六十九条　开户登记证由中国人民银行总行统一式样，中国人民银行各分行、营业管理部、省会（首府）城市中心支行负责监制。

第七十条　本办法由中国人民银行负责解释、修改。

第七十一条　本办法自2003年9月1日起施行。1994年10月9日中国人民银行发布的《银行账户管理办法》同时废止。